V&R

DIENST AM WORT

Die Reihe für Gottesdienst und Gemeindearbeit

Band 155

Vandenhoeck & Ruprecht

Dirk Schliephake / Martina Steinkühler (Hg.)

12 Kindergottesdienste mit elementaren Bibelgeschichten 2

Neues (Testament) mit Frau Bibelwitz

Erarbeitet von
Andrea Braner
Christine Hubka
Stefanie Lohmann
Simone Merkel
Dirk Schliephake
Martina Steinkühler

Erzähltexte Martina Steinkühler
Illustrationen Elli Bruder

Vandenhoeck & Ruprecht

Mit digitalem Zusatzmaterial unter www.v-r.de/kindergottesdienst
Passwort: 26EpzHdp

Umschlagabbildung und Illustrationen: Elli Bruder

Bibliografische Information der Deutschen Nationalbibliothek

Die Deutsche Nationalbibliothek verzeichnet diese Publikation
in der Deutschen Nationalbibliografie; detaillierte bibliografische
Daten sind im Internet über http://dnb.d-nb.de abrufbar.

ISBN 978-3-525-63050-1
ISBN 978-3-647-63050-2 (E-Book)

Satz: textformart, Göttingen
Druck und Bindung: ⊕ Hubert & Co, Göttingen

Gedruckt auf alterungsbeständigem Papier.

Inhalt

Die Gottesdienste

(Den Kommentar zur jeweiligen »elementaren Geschichte«
schrieb Martina Steinkühler.)

Vorwort

Liebe Leserin, lieber Leser,

nun halten Sie den zweiten Band *12 Kindergottesdienste mit elementaren Bibelgeschichten* in den Händen. Aus der Perspektive von Petrus wird Jesus, dieser faszinierende biblische *Gott-bei-den-Menschen*, erzählend, spielend, singend und feiernd entdeckt.

In der spannenden Beziehung zwischen Petrus und Jesus geht es reichlich emotional zu. So wie zwischen Gesa und Niklas, Frau Bibelwitz und der Eidechse Mose. So wie zwischen Kindern und Kindern und Eltern und …

Emotionale Beziehungserfahrungen sind lebenswichtig. Ja, fast überlebenswichtig und heilsam. Kinder sehnen sich wie Petrus nach Menschen, die Zeit für sie haben und ihnen Orientierung und Zuwendung schenken. Eine Freundschaft, die mehr ist als ein Fanclub im Internet.

Petrus entdeckt in Jesus einen Menschen, der bei ihm ist und bleibt auch in schwierigen Zeiten. Ein wirklicher Freund, ja, mehr noch, würde Mose, die Eidechse, sagen, viel mehr: der freundliche *Gott-bei-seinen-Menschen.*

Neben den so wichtigen theologischen Gesprächen und vertiefenden Spielen verlocken die *12 Kindergottesdienste* Kinder selbst zum Erzählen. Mit dem Hirtenstab des Petrus in der Hand können sie die eigene Berührtheit mit der jeweiligen Jesus-Petrus-Geschichte in eigene Worte fassen.

Die Liedvorschläge in diesem Buch beziehen sich vor allem auf das bayerische *Kindergesangbuch (KG)* und das *Liederheft 1+2 Kirche mit Kindern (LH)* vom Arbeitsbereich Kindergottesdienst im Michaeliskloster Hildesheim.

Ich danke von Herzen allen Autorinnen, die auf Grundlage der besonderen Erzählentwürfe von Martina Steinkühler *12 elementare Kindergottesdienste* entwickelt haben. Sie nehmen den Glauben der Kinder ernst und möchten gemeinsam mit ihnen die biblische Hoffnung und Freude, die Menschen durch Jesus erfahren haben, feiern und ins Leben ziehen.

Damit das gut gelingt, schenke der barmherzige und geheimnisvolle Gott Ihnen und Ihren Kindergottesdienstkindern seinen kräftigen Segen.

Ihr Dirk Schliephake (Herausgeber)

Die elementaren Lieder für die 12 Kindergottesdienste

Aus der Tiefe rufe ich zu dir
Christus, hör uns an, erbarme dich
Dank für die Sonne
Das wünsch ich sehr
Die ganze Welt, Gott, kommt von dir
Du, Gott, kennst meine Wege
Du machst alles neu
Ein jeder kann kommen
Eines Tages kam einer
Fröhlich wollen wir beginnen
Gib uns Ohren, die hören
Gott, du bist mein Zelt
Gott hält die ganze Welt
Grün ist das Feld
Heute feiern wie ein Fest
Ich glaube fest
Jesus, der zu den Fischern lief
Kommt alle her, hallihallo
Kommt uns seht
Lasst uns feiern, lasst uns lachen
Laurentia, liebe Laurentia mein
Lieber Gott, ich danke dir
Man kann hören, was andre sagen
Miteinander essen
Sanibonani
Von allen Seiten umgibst du mich
Vater unser im Himmel
Wir feiern fröhlich Ostern heut
Wo ich gehe, bist du da

Einführung: Elementare Jesusgeschichten

Im vergangenen Jahr haben wir es unternommen, einen roten Faden durch die Geschichten des Alten Testaments – und knapp über die Schwelle des Neuen – zu legen: Aus Familienbeziehungen ließ dieser rote Faden sich knüpfen. Wie Eltern und Kinder, Vater und Mutter und Geschwister miteinander umgehen, das war die elementare Frage, die Kinder an die Geschichten der Erzeltern und des Auszugs, der Könige und Propheten herantragen konnten; dabei auch immer die Frage nach Gott, der wie ein Vater und eine Mutter ist – nur noch viel geduldiger, gerechter, liebevoller und verlässlicher. Am Ende erlebten die Hirten, wie dieser Gott zu den Menschen kam: Aus der Ferne kam er ganz nah, in all seiner Größe wurde er klein – Kind in der Krippe.

Durch die elementaren Geschichten des zweiten Jahres zieht sich das Band der Freundschaft. Aus der Geborgenheit der Familie treten Kinder ein Stück weit heraus, wenn sie sich auf weitere Beziehungen einlassen: Freundschaften schließen sie von gleich zu gleich. Die Erfahrung der Geborgenheit bleibt zwar wichtig. Aber ebenso wichtig wird das Miteinander in eigener Entscheidung und Verantwortung.

Der elementare Zugang zu Jesus-Geschichten kann sein: Wie erleben die Jüngerinnen und Jünger Jesus? In vielen Kinderbibeln und Erzählvorlagen wird »Jünger Jesu« als »Freund Jesu« übersetzt – dieser Spur werden wir folgen und entdecken: Wie Gott stets mehr ist als ein Vater, so ist auch Jesus stets mehr als ein Freund. Aber gerade deshalb lernen wir bei ihm viel über Freundschaft. Und halten dabei die Frage nach Gott weit offen.

Wenn wir Jesus-Geschichten erzählen, ist es wichtig, vorab zu klären, welches Verständnis von Jesus wir selbst haben und welches wir also weitererzählen. Ohne Zweifel ist eine schillernde Mischung – Mensch, Gott, Messias, König, Sohn Gottes, Retter, König der Juden – am ehesten angemessen, um das Geheimnis Jesu, des Christus, sowohl ernst zu nehmen als auch zu wahren. »Wahrer Mensch« und »wahrer Gott« – einfacher machen es uns weder die Evangelien noch die sich daran anschließende Kirchengeschichte.

Wie elementarisieren wir dies für Kinder, ohne es zu vereinfachen? Die Eidechse Mose hält sich an das Bekenntnis »Gott-bei-den-Menschen« – die ebenso dem Gottesnamen »Ich bin der ich bin und ich bin für dich da« (JHWH; siehe 2 Mose 3,14) nahe steht wie auch der Prophezeiung des »Gott-mit-uns« (Immanuel; siehe Jesaja 7,14 und Mt 1,23).

Demgegenüber ist die Rede vom »Sohn Gottes« in vielfacher Weise problematisch für Kinder: Nicht nur, dass diverse Göttersöhne durch die Welt der Computerspiele und Fantasy-Epen geistern oder dass die Frage der Vaterschaft Gottes Verstehensbarrieren errichtet – vor allem endet die Gottes-Sohn-Vorstellung am Kreuz allzu leicht in der unsäglichen Annahme: »Vater opfert Sohn«; die aber ist bekanntlich schon im Alten Testament überwunden (1 Mose 22).

Das führt in die Irre, weit ab von der trostreichen Botschaft: »Gott-bei-den-Menschen steht zu uns und geht mit uns und geht für uns bis zum Äußersten – durch Leid und Tod, ja, bis in den Tod am Kreuz.« (Phil 2,8) Damit aber ist dem Leid und dem Tod die Macht genommen, sie haben nicht das letzte Wort (Röm 8,38; 1 Kor 15,55). Der Herr des Lebens ist stärker, Gottes Güte ist stärker. Den Kindern soll dies spürbar werden. Das ist der Maßstab der Elementarisierung von Jesus-Geschichten.

Aber nicht nur die Botschaft, sondern auch der Stoff, die Fülle der Episoden und Zugänge, bedarf der Elementarisierung. So haben wir Schneisen geschlagen. Zunächst durch die Wahl der Perspektive. Entsprechend des roten Fadens »Freundschaft« erzählen wir aus der Warte des Jüngers Jesu, von dem es am meisten zu erzählen gibt: Simon Petrus. Und entsprechend der Wesenszüge der Botschaft, Wirkung und des Geheimnisses Jesu, des Gottes-bei-den-Menschen, brauchen wir exemplarische Geschichten:

- Aus seinem Leben: Jesus findet Freunde und Freundinnen; er zieht durch Galiläa und nach Jerusalem, er wird in Jerusalem gefeiert und gefangen, nimmt Abschied von seinen Freunden und wird gekreuzigt.

- Aus seiner Predigt: Er verkündigt die Nähe und Güte Gottes, die alle Hindernisse überwindet.

- Von seiner Hoffnung: Das Reich Gottes kommt – und es ist schon da, stets da, wo Gottes Güte Macht hat.

- Aus seinen Taten: Er wendet sich Schwachen, Kleinen, Ausgeschlossenen zu – und tut das beispielhaft für uns alle.

Exkurs: Die Evangelien und unser Umgang damit

Allen exegetischen Zugängen dieses Bandes liegen die Hypothesen zugrunde, auf die die neutestamentliche Wissenschaft sich mit guten Gründen weitgehend verständigt hat:

- Die drei ersten Evangelien – Matthäus, Markus und Lukas –, denen so vieles gemeinsam ist, dass man sie zum Vergleich nebeneinanderlegen kann (darum der Begriff »Syn-optiker«, das heißt: die, die zusammen gesehen bzw. verglichen werden können) hängen voneinander ab, und zwar so, dass Markus als Erster ein Evangelium – eine verkündigende Darstellung des Lebens Jesu – zusammengestellt hat und dass dieses Werk den Verfassern des Matthäus- wie des Lukas-Evangeliums bekannt gewesen ist. Außerdem haben »Matthäus« und »Lukas« aber auch andere Quellen verwendet, denn sie erzählen Geschichten und überliefern Jesus-Worte, die nicht im Markus-Evangelium stehen. Man spricht von »Sondergut« und nimmt auch an, dass es bereits vor der Entstehung der Evangelien Sammlungen von Sprüchen Jesu gegeben hat. Der Prozess der Kanonisierung des Neuen Testaments ist erst im vierten Jahrhundert zum Abschluss gekommen.

- Die drei Evangelien lassen sich – bei allem, was sie verbindet –, doch auch deutlich unterscheiden:

Markus legt besonderen Wert auf das »Geheimnis«: Jesus will als Mensch unter Menschen wahrgenommen werden und erst unter dem Kreuz soll es offenbar werden, dass er »Gottes Sohn« war.

Matthäus liegt es am Herzen, seinen jüdischen Zeitgenossen zu »beweisen«, dass in Jesus der in den Schriften verheißene »Knecht Gottes« und »Sohn Davids« auf die Welt gekommen ist. Viele Schriftzitate bezieht er auf Jesus.

Lukas schreibt für die »kleinen Leute« im Römischen Reich, insbesondere auch für Nicht-Juden: Der Heiland der Welt ist geboren und es sind Hirten, Frauen und Kinder, Ausgestoßene und Abgeschriebene, die in ihm ihrem Retter begegnen.

Schließlich das *Johannes*-Evangelium, das jüngste der vier: Es passt nicht in die »Synopse«, es ist schon vom Aufbau her, aber mehr noch in seinem Jesus-Bild ganz anders als die drei anderen. Es erzählt einen weisheitlichen Erlösungsmythos: Jesus kommt von Gott in die Welt und kehrt zu ihm zurück. Dabei teilt es die Menschen ein in die, die »sehen und erkennen«, und die, denen dies »nicht gegeben« ist.

Frau Bibelwitz erzählt vor allem nach Markus und Lukas. Hier ist Jesus nah bei den Menschen, ohne freilich ganz im Menschsein aufzugehen. Ist Markus oft recht nüchtern, neigt Lukas zu legendenhaften Zügen; darum wird sie sorgsam wählen, was für Niklas und Gesa gerade angemessen ist. Nach Ostern freilich ist es eine Auferstehungsgeschichte des *Johannes*, die den Schlusspunkt unter die Freundschaftsgeschichte des Petrus mit Jesus setzt und zugleich in die Zukunft weist.

Planung und Vorbereitung

Die elementaren Geschichten im Kirchenjahr

12 Jesus- bzw. Petrus-Geschichten für zwölf Monate des Jahres? Der erste Band endet mit der Engelverkündigung an die Hirten, also zu Weihnachten. Dieser neue Band setzt mit den Jüngerberufungen ein und endet mit der Erscheinung des Auferstandenen. Vom Kirchenjahr her betrachtet passt das so: Beginnen Sie gleich nach Ostern mit der neuen Reihe, planen Sie im Monatstakt und Sie kommen mit der zwölften Geschichte wieder in der Osterzeit an. Das passt gut (mag es auch hin und wieder ein wenig Hin- und Herschieben nötig machen) – bis auf eine praktische Herausforderung: Während eine ausdrückliche Begehung des Pfingstfestes vielleicht einmal ausgesetzt werden kann, ist doch die Advents- und Weihnachtszeit ohne ihre Thematisierung im Kindergottesdienst kaum denkbar. Hier bieten wir Ihnen einen Extra-Gottesdienst im digitalen Zusatzmaterial dieses Bandes: »Petrus sieht einen Esel (Einzug in Jerusalem)«.

In der Logik der zwölf Geschichten nähern Sie sich im Dezember bereits der Passion; für das neue Jahr bleiben die Geschichten von der Verklärung, dem letzten Abendmahl, dem leeren Grab und der Erscheinung des Auferstandenen. Darum kann es funktionieren, den »Einzug in Jerusalem« einzufügen; immerhin ist das ja eine Geschichte, die sowohl in die Advents- wie in die Passionszeit gehört.

Eine andere Möglichkeit, die zwölf Geschichten (oder eine Auswahl aus ihnen) in den Kindergottesdienst einzubringen, ist ein Themenblock von wöchentlichen Veranstaltungen, wie er zum Beispiel in die lange Trinitatiszeit passt. Oder Sie planen eine Kinderbibelwoche zum Thema »Jesus und Petrus. Freunde durch dick und dünn«.

Vorbereitung im Team

Wie auch immer Sie sich entscheiden: Es empfiehlt sich, den neuen und für Sie vermutlich ungewohnten Zugang zu den Jesus-Geschichten auch selbst intensiv zu erleben. Allzu oft haben Sie die Jesus-Geschichten schon anders gehört, erzählt und gefeiert. Da brauchen Sie Zeit, um sich auf Frau Bibelwitz' Erzählweise einzulassen. Planen Sie daher ein Kindergottesdienstwochenende für Ihr Team. Lesen und erkunden Sie die neuen Geschichten im Zusammenhang. Erleben Sie vor allem aus dem Blickwinkel des Petrus: offen für Jesus, staunend über ihn, voller Sympathie, voller Hoffnung, bisweilen auch überfordert. Sie können Ihre Klausur als Erzählseminar gestalten, indem die Teilnehmenden nach dem Hören der Geschichte und dem Austausch darüber selbst den Hirtenstab des Petrus in die Hand nehmen und aus seiner Sicht erzählen.

Basteln Sie dazu gemeinsam einen Hirtenstab (Anleitung in Gottesdienst 12, M3) – und schlagen Sie »zwei Fliegen mit einer Klappe«: Sie verwenden den Stab für Ihre eigenen Petrus-Erzählungen. Und: Der Stab bekommt später seinen festen Platz in den Kindergottesdiensten dieser Reihe.

Die elementaren Geschichten im Kindergottesdienst

Bibelgeschichten sind üblicherweise das Hauptmedium im Kindergottesdienst. Andere Elemente dienen der Einstimmung bzw. der Vertiefung und Aneignung. So auch hier: In der Mitte der 12 Kindergottesdienste stehen die Präsentation der Erzählung und der Umgang mit ihr. Einige Besonderheiten gilt es zu bedenken.

1. Die *Rahmen der Geschichten* (Frau Bibelwitz) haben eine dreifache Funktion:

- Sie verknüpfen die Welt der Kinder mit der Geschichte.
- Sie bieten einen Deutungshorizont.
- Sie öffnen die Geschichte für das Theologisieren mit den Kindern. Es bleiben bewusst offene Stellen, in die die Kinder sich und ihre persönlichen Vorstellungen einfügen können.

Das heißt für die Gottesdienstplanung:
Der erste Teil des Rahmens – »Einmal erzählte uns Frau Bibelwitz« – kann in die »Einstimmung« hineingezogen werden. Das Lebenswelt-thema klingt an und wird mit den Kindern entfaltet und aktualisiert.

Ein Nachgespräch und entsprechende Gesprächsimpulse gehören daher zu jedem der Entwürfe dazu.

2. Zu jeder Geschichte gibt es eine *Illustration*: im Buch sowie in Farbe und im Präsentationsformat als digitales Zusatzmaterial zum Titel (www.v.r.de/kindergottesdienst; Passwort: 26EpzHdp). Die Bilder von Elli Bruder sind fröhlich und frisch; sie schlagen eine Brücke über den »garstigen Graben« zwischen damals und heute. Dabei widersprechen sie aber auch manchen Sehgewohnheiten (der Erwachsenen) und fordern zur Auseinandersetzung.

Das heißt für die Gottesdienstplanung:
Das Bild ist ein eigenständiges Medium neben dem Text. Es kann zum Einstieg verwendet werden – die Kinder formulieren Vor-Erwar-tungen – oder auch zur Vertiefung: Welcher Moment ist abgebildet? Warum gerade der? Welchen hättest du ausgesucht und warum?

3. Zu der *Bibelkompetenz*, die Kinder im Kindergottesdienst erwerben, gehört auch, dass sie selbst Bibelgeschichten erzählen können, und zwar so, dass sie einen eigenen Blick und das eigene Erleben mit hineinerzäh-len. Die Figur des Petrus, die die zwölf Jesus-Geschichten zusammen-hält, macht es hier leicht: Die Kinder können – wie Sie – den Hirtenstab des Petrus in die Hand nehmen und so in seine Haut schlüpfen.

So verbindet die zwölf Gottesdienstentwürfe bei aller Unterschiedlich-keit eine gleiche Grundstruktur des Umgangs mit der jeweiligen Bibel-geschichte: Auf die Erzählung folgt in der Regel eine Gesprächsrunde. Die Kinder äußern ihre Eindrücke, teilen sie, fragen nach. Ein theolo-gisches Gespräch schließt sich an. Dieser Teil endet damit, dass der Hir-tenstab in den Kreis gelegt wird. Ein/e Mitarbeitende/r nimmt ihn auf und beginnt als Petrus zu erzählen. Was ist ihm heute passiert? Was hat er mit Jesus erlebt? Was hat ihn gewundert, was hat er erfahren?

Die Kinder sind nach den ersten Sätzen eingeladen, den Stab zu übernehmen und selbst ein Stück weiterzuerzählen. Die Ablösung muss anfangs möglicherweise moderiert werden; wenn der Ablauf eingeführt ist, läuft das von allein.

Bei den Materialien zu den einzelnen Gottesdiensten findet sich jeweils in der Rubrik »Gesprächsimpulse« ein Vorschlag für die Hinführung zur Nacherzählung.

KiRCHE MiT KiNDERN

Kennt ihr schon Frau Bibelwitz von nebenan? Das ist die Frau, die Niklas und mich abends zu Bett bringt, wenn Mama noch arbeiten muss. Mama ist Krankenschwester. Frau Bibelwitz mag gern Kakao mit Schlagsahne, Pizza ohne Rand und Papas Lakritzschnecken. Frau Bibelwitz hat rote Haare, einen dicken bunten Schal und – Mose. Das ist Mose:

Zusammen mit Mose erzählt Frau Bibelwitz uns abends Geschichten aus der Bibel. »Da steht alles drin«, sagt sie. »Von dir und von mir und von allen Menschen.« »Und von Gott«, sagt Mose. Wirklich, das tut er! Er spricht! Aber nur, wenn es wichtig ist. Und immer nur von Gott.

Neuerdings spricht Mose von *Gott-bei-den-Menschen*. So nennt er Jesus. Finde heraus, warum.

Komm zu uns in den Kindergottesdienst:

1 PETRUS HÖRT EINEN RUF
(Berufung der ersten Jünger)

 Einmal erzählte uns Frau Bibelwitz von Petrus, dem Fischer. Das war, als Niklas behauptete, Pitt, sein Freund, müsse wohl schwerhörig sein. »Nie kommt er, wenn ich ihn rufe«, beschwerte Niklas sich. »Und wenn ich die Hälfte von seinem Muffin abhaben will, steckt er ihn schnell in den Mund.« »Bist du sicher, dass ihr Freunde seid?«, fragte Frau Bibelwitz.

Petrus hört einen Ruf

Petrus ist müde. Die ganze Nacht sind sie mit ihrem Fischerboot auf dem See gewesen. Aber nichts – kein einziger Fisch ist ihnen ins Netz gegangen. Es ist schon hell, als sie das Boot auf den Strand ziehen. »Zeit zu Bett zu gehen«, sagt Petrus zu Andreas, seinem Bruder. Andreas nickt und gähnt. Aber irgendwie hat Petrus gleich das Gefühl: Daraus wird nichts. Da ist ein Menschenauflauf, vorn am Ufer. Da ist einer, dem die anderen folgen. »Erzähle, Jesus!«, rufen sie ihm zu. »Erzähle uns von GOTT.« Petrus hat schon von Jesus gehört. Die Menschen nennen ihn Gott-bei-den-Menschen. Was für ein Name! Und dann springt einer in Petrus' Fischerboot. Er ist es, Jesus. »Komm, Petrus!«, ruft er. »Fahr mich raus.« »Ja, Herr«, sagt Petrus. Andreas stößt ihn an. »Wieso JA?«, flüstert er. »Wieso HERR?« »Keine Ahnung«, sagt Petrus.

Petrus und Andreas schieben das Boot zurück in die Wellen. Dann springen sie hinein. »Willst du ans andere Ufer?«, fragt Andreas und gähnt. »Nein«, sagt Jesus. »So ist es gut.« Jesus steht im Boot und spricht. »GOTT ist wie ein Mensch, aber größer«, sagt er. »Wie ein König, aber gerechter. Wie ein Hirte und wie ein Vater, aber geduldiger, noch viel geduldiger. GOTT ist euch nah. Ihr seid alle seine Kinder.« Petrus sitzt im Boot und hört. Er ist überhaupt nicht mehr müde. »Danke, Petrus«, sagt Jesus am Ende. »Wie wäre es? Kommst du mit?« »Ja, Herr«, sagt Petrus. »Wieso HERR?«, sagt Jesus. Er zwinkert Andreas zu. »Lasst uns Freunde sein.«

 »Wie ging es weiter?«, drängelte Niklas. Und Frau Bibelwitz sagte, sie seien sehr gute Freunde geworden, Jesus und Petrus und Andreas. »Durch dick und dünn«, sagte sie. »Jesus war der Anführer. Die anderen konnten viel von ihm lernen.« »Was?«, fragte Niklas. »Hören«, sagte Frau Bibelwitz. Da war es Zeit für Mose, die Eidechse, die Augen zu öffnen. Und den Mund – für sein Lieblingswort. GOTT. Es kam mir so vor, als ob Mose zwinkerte (obwohl Eidechsen das eigentlich gar nicht können!). »Hören«, wiederholte er, »auf den Gott-bei-den-Menschen.«

Einfall

Die Jüngerberufungen irritieren. Wieso gehen diese gestandenen Männer, Petrus und Andreas, Johannes und Jakobus, einfach so mit mit diesem fremden Mann? Vorbildliches Verhalten für die Kinder ist das sicherlich nicht. Vielmehr ist es Zeichen des Geheimnisses, das um Jesus liegt.

Genauso wird Frau Bibelwitz es erzählen. Einen besonderen Zugang zum Motiv Freundschaft bietet dabei das »Hören«: Nur wer »hört«, ist offen für das Besondere, Außerordentliche, hier: für das Geheimnis der Freundschaft wie auch das des Gottes-bei-den-Menschen.

Entdeckungen am Bibeltext

Die Jüngerberufungen sind bei Markus und Matthäus mit Absicht so knapp: Jesus kommt, sieht und ruft – und die Gerufenen hören und folgen. Die Erzähler verzichten auf jede Erläuterung. Das lässt vieles offen: Sowohl die Fischer als auch Jesus bieten sich als Projektionsflächen an: Was treibt diese Männer zu einem so unerwarteten biografischen Umbruch? Was geht von diesem Jesus aus? Und: Wie reagieren die Familien, die Freunde, das Umfeld der Fischer?

Lukas gestaltet die Berufung als Wundergeschichte: Nachdem Petrus[1] Jesus sein Boot zum Predigen zur Verfügung gestellt hat, empfiehlt Jesus Petrus, die Netze noch einmal auszuwerfen. Lukas erzählt, dass Petrus wider besseres Wissen hört und folgt – und einen überwältigenden Fang macht. Diese Erfahrung begründet das weitere Miteinander der beiden: eher Ehrfurcht als Freundschaft.

---

1   Die Namensänderung – aus Simon wird Petrus, der Fels – ist sicherlich reizvoll. Da aber Frau Bibelwitz' Geschichten als Einzelerzählungen angelegt sind, haben wir darauf verzichtet: Petrus soll immer leicht wiedererkennbar sein.

Die elementare Erzählung

Frau Bibelwitz entscheidet sich für einen Mittelweg zwischen den Versionen: Die Berufung »ohne alles« ist ihr zu wenig anschaulich, die Berufung mit Wunder jedoch zu fern der Lebenswelt ihrer beiden Zuhörer. Nach unseren Erzählregeln wäre es ohnehin ein Motiv zu viel. Wir haben bereits die Fischer, den »Fremden« und seine Botschaft. Das ist erst einmal genug.

So erzählt sie von der Mühsal des Fischens, von dem Gefallen, den Petrus Jesus tut – und wie er dann eine Botschaft hört, die ihn begeistert. Das Wunder ist nicht ein reicher Fang, sondern die Begegnung: Petrus erkennt Jesus als »HERRN« und Jesus will Petrus zum »Freund«. (Der wunderbare Fischfang kann – nach dieser Anlage der Erzählung bis nach Ostern warten, s. Gottesdienst 12)

 ## Entscheidungen

Wie beim Erzählen so auch im Ganzen des Gottesdienstes: Die beiden Schwerpunkte, Berufung und Freundschaft, können auch missverstanden werden, etwas so:

- »Einer ruft mich, der ist nett, ich halte ihn für meinen Freund und gehe mit??? – Habe ich nicht gelernt: Geh nicht mit Fremden?«
- »Jesus und Petrus – das war damals, in einer Zeit, die fern und vergangen ist und nichts mit dem Heute zu tun hat. Damals hat Jesus Petrus gerufen. Was hat das mit mir zu tun?«

Kraftvolle Spiele, die ggfs. auch die Grenzen einiger Kinder überschreiten, können die Kinder zum Nachdenken provozieren. Die Spiele sind schnell, machen Spaß und bringen eine gewisse Eigendynamik mit sich. Sie sind aber an keiner Stelle als Lückenfüller einzusetzen, sondern immer im Zusammenhang mit dem Gespräch gedacht. Erst dann werden sie ihre Funktion im Kindergottesdienst erfüllen und ergänzen die Geschichte, erweitern sie und setzen neue Impulse.

Ablauf

Geschehen	Inhalt	Material
Ankommen	Begrüßung, Lied, Eingangsvotum, Psalm	LH 25 / KG 195 M1
Einstimmen	Spiel und Gespräch	M2, M3
Hören	Einmal erzählte Frau Bibelwitz	
Vertiefen und Weiterdenken	Gespräch, Spiel, Kreativarbeit	KG 54,1 M2, M3, M4
Weitergehen	Gebet, Segen, Lied	LH 86

M1 Psalm (nach Psalm 25)

Mein Gott, ich suche dich. Bist du mein Freund?
Mein Gott, ich hoffe auf dich. Lass mich nicht allein.
Mein Gott, ich warte auf dich
wie auf meinen besten Freund.

Manchmal sind meine Sorgen riesengroß.
Manchmal denke ich, ich mache alles falsch.
Manchmal sagen alle, dass ich gar nichts kann.

Mein Gott, ich suche dich. Bist du mein Freund?
Mein Gott, ich hoffe auf dich. Lass mich nicht allein.
Mein Gott, ich warte auf dich
wie auf meinen besten Freund.

Du, Gott, siehst, wenn ich mich fürchte.
Du machst mir Mut.
Du, Gott, siehst, wenn ich etwas falsch mache.
Du hältst trotzdem zu mir.
Du, Gott, siehst, wenn ich einsam bin
und vergisst mich nicht.

Mein Gott, ich suche dich. Bist du mein Freund?
Mein Gott, ich hoffe auf dich. Lass mich nicht allein.
Mein Gott, ich warte auf dich
wie auf meinen besten Freund.

Du, Gott, zeigst mir den richtigen Weg.
Du, Gott, ziehst meinen Fuß aus dem Netz,
in dem ich mich verfangen habe.
Du, Gott, bist gut und gerecht.

Mein Gott, ich suche dich. Du bist mein Freund.

M2 Spiele

ABZÄHLVERS – FREUNDE FINDEN

Alle Kinder stehen im Kreis. Ein/e Mitarbeitende/r wandert im Kreis herum, sagt den Vers und zählt die Kinder ab. Mit dem ersten Vers wird ein Kind gewählt, das sich einen Freund suchen darf (Kind 1). Kind 1 tritt in die Mitte. Die Kinder, die beim zweiten und dritten Vers abgezählt wurden, dürfen in dieser Runde nicht gewählt werden.

Zusätzlich nennt Kind 1 beim dritten Vers den Namen des Kindes, das es wählt (Kind 2). Während der vierte Vers aufgesagt wird, klatschen alle Kinder in die Hände.

Anschließend begründet Kind 1 seine Wahl. Kind 2 stellt sich zum Abschluss hinter Kind 1. Beide können nicht mehr gewählt werden. Es wird weiter abgezählt, bis jedes Kind einen Freund / eine Freundin hat.

Abzählvers
Eene, meene Kräuterspinnen,
du willst einen Freund hier finden?

Dieses Kind darf dann einen Freund wählen. Es tritt in die Mitte.
Eene, meene Mäusespeck,
du bist da und er ist weg!

Dieses Kind darf in dieser Runde nicht gewählt werden!
Eene, meene Gurkensamen,
sag uns erst mal seinen Namen!

Dieses Kind darf in dieser Runde nicht gewählt werden; das Kind in der Mitte nennt den Namen des Freundes.
Eene, meene Bärenbrumm,
das ist dein Freund? Sag schnell, warum?

Das Kind in der Mitte nennt einen Grund für seine Wahl.

Bei diesem Spiel sollte darauf geachtet werden, dass kein Kind ausgegrenzt wird. Die / der Mitarbeitende muss vorher einschätzen können, ob das Spiel Spannungen in der Gruppe provozieren und die Außenseiterposition einzelner Kinder verstärken könnte. Bei der Entscheidung für dieses Spiel sollte auch geprüft sein, wie gut die Kinder sich untereinander kennen und ob das Spiel demnach geeignet ist.

RUFSPIEL: STEH – GEH!

Auf einer verabredeten Freifläche außerhalb des Hauses (oder in einem genügend großen Raum) laufen alle Kinder durcheinander. Ein Kind ist der »Fänger«. Das Kind, das vom »Fänger« mit dem Wort »Steh!« angetippt wird, muss stehen bleiben. Das Kind kann durch die anderen laufenden Kinder erlöst werden. Sie tippen das stehende Kind an und sagen dabei: »Geh!« Ziel ist es, dass möglichst viele Kinder stehen bleiben. (Als Variante kann eine bestimmte Spielzeit – z. B. 2 min – verabredet werden. Nach der Zeit wird gewechselt.)

Variante

Je nach Größe der Gruppe werden zwei oder mehrere Kinder als »Fänger« eingeteilt. Wenn alle Kinder stehen, sind die »Fänger« die »Rufer« einer neuen Spielidee: »Figuren verwandeln«. Mit dieser Spielvariante ist es möglich, Situationen der Geschichte zu wiederholen und zu vertiefen. Die Kinder, die »Rufer« sind, verabreden sich und fordern alle Spielenden auf: »Alle Figuren verwandeln sich in einen Fischer!« Alle Kinder versuchen nun, einen Fischer darzustellen.

Je nach Größe der Gruppe werden weitere »Rufer« gewählt. Diese verabreden sich wieder und fordern die anderen Kinder auf: »Alle Kinder verwandeln sich in einen Ruderer!«

Das Spiel kann fortgesetzt werden, bis alle Kinder auf der Seite der »Rufer« sind. (weitere mögliche Verwandlungen: Redner, Hörer, Rufer, Fisch, Boot, Netz)

Auch hier wird eine begrenzte Freifläche benötigt. Alle Kinder laufen innerhalb der verabredeten Fläche durcheinander. Ein Kind ist der »Fänger«. Dieses Kind trägt ein stabiles Seil bei sich. Wenn ein Kind vom »Fänger« angetippt wird und der »Fänger« ruft: »Komm mit!«, dann muss das getroffene Kind am Seil anfassen und mit dem »Fänger« mitlaufen. Nach einer verabredeten Zeit gibt es ein Zeichen. Die Spielrunde ist dann beendet und es wird gezählt, wie viele Kinder der »Fänger 2« mitgebracht hat.

Variante

Das Spiel wird wie oben gespielt. Es gibt zwei »Fänger«, die jeweils ein Seil bei sich tragen und die meisten Freunde »fangen« wollen. Jeder »Fänger« darf das jeweils letzte Kind der anderen Gruppe antippen und »Lauf weg!« sagen. Dann darf sich das Kind wieder vom Seil lösen, aber erst als übernächstes Kind von dieser Gruppe mitgenommen werden.

Hinweis

Beide Spielvarianten sind rasant, erfordern Reaktionsschnelligkeit und Kraft und sind gut für Gruppen mit großem Bewegungsdrang geeignet.

M3 Gesprächsimpulse

AM ANFANG

Wie kommst du darauf, dass … *(Name des Kindes)* dein Freund ist? Ich frage mich, woran kann man merken, dass jemand mein / dein Freund ist? Und wenn einer keinen Freund hat? Hat jeder einen Freund? Kann man viele Freunde haben?

Variante

Die Kinder vollenden folgende Sätze:
Mit meinem Freund / meiner Freundin kann ich …
Mein Freund ist für mich wie …
Ohne meine Freundin bin ich wie …
Wenn mein Freund …, dann würde ich …
Wenn wir Freunde sind, dann …

Zum Vertiefen

Woran merken die Anderen, dass Jesus und Petrus Freunde sind? Könnten Jesus und Petrus auch Freunde sein, wenn Petrus nicht mitgeht? Welche Gedanken macht sich Petrus? Worauf ist Petrus neugierig?

KURZROLLENSPIEL

Das Gespräch über die Freundschaft zwischen Jesus und Petrus kann die Kinder dazu motivieren, eine anschließende kleine Szene zu spielen. Dabei entwickeln sie eine Idee, wie sich die Beziehung der Männer gestalten kann. Drei Kinder schlüpfen spontan in die Rollen von Jesus, Petrus und Andreas. Die letzten Worte aus der Geschichte werden von den Kindern als Einstiegsimpuls wiederholt:

Jesus sagt: Wie wäre es? Kommst du mit?
Petrus sagt: Ja, Herr.
Jesus sagt: Wieso Herr? Lasst uns Freunde sein.
Petrus sagt: …
Andreas sagt: …

Was sagen Petrus und Andreas? Und was geschieht weiter?

Wer sagt zu mir: Komm mit! Mit wem würde ich mitgehen? Darf ich immer mitgehen? Manchmal möchte ich weglaufen ... Was spüre ich in meinem Bauch? Wo finde ich Hilfe? Wer ist ein guter Ratgeber?

 ## Zum Abschluss

Ein/e Mitarbeitende/r nimmt den Hirtenstab und beginnt: »Also, Leute, wisst ihr, was mir passiert ist? Also, mir, Petrus, dem Fischer. Da kam doch eines Tages ...« Durch Ablegen des Stabs werden die Kinder eingeladen, selbst zum Stab zu greifen und ein Stück der Geschichte nachzuerzählen. (Auch gern ein paarmal, wenn viele sich äußern möchten.)

M4 Kreativideen

Das Freundespaar, das sich durch den Abzählvers gefunden hat, bastelt ein gemeinsames Freundschaftssymbol. Die Kinder erhalten gemeinsam einen Zeichenkarton oder ein Stück Pappe (Größe etwa A6). Das Papier ist so vorbereitet, dass es bereits zwei Löcher an den gegenüber liegenden Ecken enthält, durch jedes Loch ist ein Halsband gefädelt.

Nun gestalten die Kinder gemeinsam ihre Freundschaftskarte. Entweder sie malen gemeinsam ein Bild oder ein Freundschaftssymbol (z.B. Herz, Fisch, Blume). Die eigene Entscheidung der Kinder für die Gestaltung fördert ihre Kreativität, muss allerdings zeitlich berücksichtigt werden. Steht weniger Zeit zur Verfügung, kann das Papier bereits mit einem Symbol bedruckt sein. Wenn das Freundschaftsbild gestaltet ist, zerschneiden oder zerreißen die Kinder es in der Mitte. Jedes Kind kann »seinen« Teil des Bildes nun um den Hals hängen. Das bedeutet: Nur zusammen sind wir ganz!

Freundschaftsnetz knüpfen

Einen Knoten oder eine Schleife zu binden, kann für jüngere Kinder eine große Herausforderung sein. Die einen haben es schon gelernt, die anderen mühen sich damit noch ordentlich ab. Jedes Kind erhält einen farbigen Faden von ca. 50 cm Länge. Zwei Freunde stehen mit ihren Fäden einander gegenüber und verdrehen die Fäden gemeinsam zu einer Kordel. Die Kordel wird anschließend geteilt. Jedes Kind erhält ein Teil als Freundschaftsband.

Variante

Zwei Kinder haben eine Kordel gedreht. Die Enden bleiben offen und werden mit jeweils zwei anderen Kordeln verknotet. So entsteht ein Netz von Freundschaftsbändern.

2 PETRUS ERLEBT EIN WUNDER
(Heilung der Schwiegermutter des Petrus)

 Einmal erzählte Frau Bibelwitz uns von einer alten Frau, die Fieber hatte. Das war, als ich am Morgen nicht zur Schule gehen konnte, weil ich Halsweh hatte. Aber am Abend war ich schon wieder gesund. »Das nennt man schwänzen«, sagte Niklas. Da hab ich ihn gekniffen.

Komm, Herr«, sagt Petrus, »komm in mein Haus.« Petrus, der Fischer, hat ein Haus in Kapernaum. Da wohnt er mit seiner Frau. Und mit der alten Rut, der Mutter seiner Frau. Jesus dankt und tritt ein. Er begrüßt Petrus' Frau. Er trinkt Milch und isst ... – nein, er isst nicht. Denn die alte Rut hat kein Brot gebacken. »Sie ist müde geworden«, sagt Petrus. »Sie vernachlässigt ihre Aufgaben. Sie schwänzt.« Jesus tritt an Ruts Lager. »Du schwänzt?«, fragt er lächelnd und nimmt ihre Hand. »Nein, Herr«, sagt sie. »Ich bin einfach müde. Sterben möchte ich,

Herr, einfach sterben.« Jesus lächelt noch mehr. »Wirklich?«, fragt er und sieht sie nur an. Da sieht sie den Himmel in seinen Augen und reifes Korn. Und sie hört das Lachen der Kinder. »Nein«, sagt sie. »Lieber möchte ich wieder jung sein.« »Du bist ein Kind«, sagt Jesus, »GOTTES Kind. Wusstest du das nicht?« Auf einmal hat Rut neue Kraft. Sie fährt auf wie ein Adler.

»Was machst du?«, fragt Petrus. »Ich backe frisches Brot«, sagt Rut.

 »Und weiter?«, fragte ich. »Die Kunde verbreitete sich wie der Wind«, antwortete Frau Bibelwitz. »Jesus hat die Schwiegermutter des Petrus geheilt! Jesus kann heilen! Jesus tut Wunder!« Und sie erzählte uns, dass alle kamen, alle Kranken und Bedrückten, alle Blinden, Tauben und Gelähmten. Und Jesus machte viele heil. »Wirklich?«, fragte ich. Da streckte mir Mose die Zunge heraus. (Das können Eidechsen gut!) »Gott-bei-den-Menschen«, sagte er nur.

Einfall

Nähe heilt: eine Berührung, ein liebevoller Blick. Kinder und Erwachsene erfahren das. Nicht das unvermeidliche Breitband-Antibiotikum tut wohl (manchmal reagiert der Körper darauf mit heftiger Abwehr), sondern die kühle Hand auf der heißen Stirn. Kann Jesus mehr? In Jesu Nähe ist wohl zu spüren: Gott verleiht den Müden Adlerflügel.

Überlegungen zum Bibeltext

Die Heilung der Schwiegermutter des Petrus ist eines der weniger spektakulären Heilungsgeschichten. Es steht am Anfang des Wirkens Jesu, in engem Zusammenhang mit den ersten Jüngerberufungen.

Markus gibt die Reihenfolge vor: Berufung, Heilung eines Besessenen in der Synagoge, Heilung der Schwiegermutter. Und danach dann die vielen. Bei Matthäus finden wir es charakteristisch anders: Berufung, viele Heilungen, die nur erwähnt werden, die Bergpredigt. Erst danach finden sich erzählerisch ausgeführte Heilungsgeschichten: der Aussätzige, der Knecht des römischen Hauptmanns, die Schwiegermutter des Petrus. Für Matthäus ist es wichtig, zuerst Jesu »Programm« zu entfalten, bevor Begegnungen und Heilungen in den Blick kommen. Dass Jesus heilt, erwächst aus dem, was er verkündigt – nicht anders. Und rückwärts betrachtet: Die Tat beglaubigt sein Wort.

Bei Lukas ist die Heilung der Schwiegermutter eine Randnotiz von zwei Versen – die dann freilich eine Lawine auslöst: Ganz Kapernaum bringt seine Kranken und Besessenen zu Jesus, so dass er sich schließlich zurückzieht, um wieder zur Besinnung zu kommen.

Wie auch immer eingebettet: Die Episode ist bei allen drei Synoptikern kurz und einfach und genau so kann Frau Bibelwitz sie gut gebrauchen. Jemand ist krank und wird wieder heil. Und die Kinder können darüber nachdenken, was Gott-bei-den-Menschen damit zu tun hat. Eine gute Einübung in weitere und komplexere Heilungsgeschichten.

Lesen Sie den ganzen Abschnitt Mk 1,21–39. Geben Sie den einzelnen Szenen Überschriften.

■ Spielen Sie die Heilung des Besessenen und die Heilung der Schwiegermutter des Petrus als zwei gesonderte Szenen nach. Worin unterscheiden sie sich? Was ist die besondere Qualität bei der Heilung der Schwiegermutter des Petrus? Wie unterscheidet sich das Vorgehen Jesu in den beiden Szenen?

■ Formulieren Sie, was die Heilungsgeschichte der Schwiegermutter besonders für das Selbstverständnis von Menschen und für Ihr Gottesbild beiträgt.

 ## Die elementare Bibelgeschichte

Den Heilungsgeschichten, die untrennbar mit Jesu Wirken verbunden sind, nähert sich Frau Bibelwitz über eine ganz alltägliche Heilung: Ein Kind, das morgens zu krank ist, um zur Schule zu gehen, kann abends schon wieder fröhlich spielen. Das kann wahr sein oder geschummelt – wer will das entscheiden? Hier stellt sich die Wahrheitsfrage. Wie echt war diese Krankheit? – Bei Jesu Heilung stellt sich ebenfalls eine Wahrheitsfrage: Wie geschieht diese Gesundung? Frau Bibelwitz wird das bewusst in der Schwebe lassen. Nur einer ist sich sicher: Mose, die Eidechse. Und die Kinder?

 ## Entscheidungen

Kinder erleben im Kindergottesdienst, wie Jesus Menschen begegnet. Sie erfahren ganzheitliche Annahme, bekommen Zuwendung und neue Hoffnung.

Es geht nicht immer um den Kopf. Um das rein Geistliche. Dem Gott-bei-den-Menschen ist am ganzen Menschen gelegen. Er wendet sich Kranken, Schwachen, Alten zu – er nimmt sie an und schenkt ihnen Zuversicht. Das Wunder geschieht: Der kranke, schwache, müde, alte Mensch kann sich wieder erheben.

Im Gottesdienst kommt die Körperlichkeit der Kinder ins Spiel. Ihre eigenen Erfahrungen mit Gesund-Sein und Krank-Sein. Ihre besondere Fähigkeit, mit dem ganzen Körper zu erleben und sich durch den Körper auszudrücken.

Ablauf

Geschehen	Inhalt	Material
Ankommen	Begrüßung, Lied	Er hält die ganze Welt …
Einstimmen	Bewegungsspiel	M1
Hören	Einmal erzählte uns …	
Vertiefen	Gespräch Gestaltung	M2 M3
Weitergehen	Fürbitten, Lied, Segen	LH 81 M4, M5

M1 Bewegungsspiel

Das Spiel braucht viel Platz!

- Die Kinder laufen frei durcheinander.
- Nach einem Schlag aufs Tamburin kommt die Ansage: »Bewege dich so wie jemand, der ganz viel Kraft hat.«
- Nach einer Weile der nächste Schlag aufs Tamburin. Die nächste Anweisung. Hintereinander stellen die Kinder dar:
  - »Mir geht es gut.«
  - »Ich bin schwach.«
  - »Ich bin stark.«
  - »Ich bin müde.«
  - »Ich freue mich.«
  - »Ich bin traurig.«
  - »Ich kann ganz schnell laufen.«
  - »Mir geht es schlecht.«
- Zuletzt stellen die Kinder dar: »Ich bin krank.« Nun liegen alle Kinder »krank« am Boden. Sie zeigen, dass sie nicht aufstehen können. Sie ächzen und stöhnen. Dann liegen sie wieder ganz schlapp.
- »Bleibt so! Bleibt so ruhig wie auf einem Foto!«

Die Szene »friert« ein; jetzt sind die Mitarbeitenden an der Reihe:

- Die Mitarbeitenden gehen herum und schauen, wie schlapp die Kinder sind: sie heben ein Bein auf, es ist wie aus Gummi. Sie heben einen Arm, er hängt schlapp herab.
- Eine Mitarbeiterin, ein Mitarbeiter geht herum und berührt ohne Worte jedes »kranke« Kind.
- »Jetzt bist du wieder gesund. Zeig mal, wie das aussieht!«

Gesprächsimpulse

Nach der Erzählung tauschen sich die Kinder frei über ihre Eindrücke aus. Dabei wird es vermutlich zunächst um Gesa gehen, um ihr Kranksein; später dann auch um die Schwiegermutter. Wie ist das mit dem Alt-Sein? Hast du schon mal »richtig alt« ausgesehen? Was hilft dann? Wie hat Jesus geholfen? Warum sagen Menschen: Das war ein Wunder?

Zum Schluss

Wenn die Kinder keine neuen Einfälle mehr haben, wird der Hirtenstab in die Mitte gelegt. Ein/e Mitarbeitende/r nimmt den Stab und erzählt: »Mein Freund Jesus! – Ich hatte ja keine Ahnung, was der alles kann! Wisst ihr, was er gemacht hat? Also, das war so …« Legt den Stab wieder in die Mitte. Jedes Kind, das will, erzählt ein Stück weiter: wie Jesus die Schwiegermutter heilte …

Arbeitsblatt

Gott hält die ganze Welt in seiner Hand.
Gott hält die ganze Welt in seiner Hand.
Gott hält die ganze Welt in seiner Hand.
Gott hält die Welt in seiner Hand.

Gott hält _ _ _ _ _ _ _ _ _ _ _ _ _ _ _ _ _ _ in seiner Hand.
Gott hält _ _ _ _ _ _ _ _ _ _ _ _ _ _ _ _ _ _ in seiner Hand.
Gott hält _ _ _ _ _ _ _ _ _ _ _ _ _ _ _ _ _ _ in seiner Hand.
Gott hält die Welt in seiner Hand.

das winzig kleine Baby / die Mutter und die Tochter /
den Sohn und den Vater / auch dich und mich
den Himmel und die Erde / den Opa und die Oma
die Vögel und die Fische …

Das sind alles Dinge und Personen, die in die Lücken passen.
Finde noch weitere.

_____

_____

_____

_____

_____

_____

_____

_____

_____

Fürbitten

Die Kinder ergänzen:
> Gott-bei-den-Menschen, du willst uns fröhlich machen.
>
> Wenn einer Angst hat – gib ihm …
> Wenn einer müde ist – gib ihm …
> Wenn einer schwach ist – mach ihn …
> Wenn einer allein ist – schenk ihm …
>
> Lieber Gott im Himmel:
> Sieh uns alle gnädig an.

Segen

> Gott segne dich, wenn du gesund bist.
> Gott behüte dich, wenn du krank bist.
> Gott lasse sein Angesicht über dir leuchten,
> an den Tagen, wo du fröhlich bist.
> Gott sei dir gnädig, wenn du traurig bist.
> Gott erhebe sein Angesicht auf dich,
> wenn du nicht mehr weiter weißt.
> Und gebe dir Frieden.

3 PETRUS HAT HUNGER
(Ährenraufen am Sabbat)

Einmal erzählte Frau Bibelwitz uns von den Hütern der heiligen Schriften und der Gesetze und Regeln darin. Das war, als Niklas einen Donut gemopst hatte, einen von den zwölf, die Mama gebacken hatte. »Er hat so gut gerochen«, sagte er. »Mama wird schimpfen«, sagte ich. »Nimm dir auch einen, Gesa«, sagte Frau Bibelwitz zu mir. »Ich steh dafür gerade.«

Jesus hat inzwischen zwölf, die ihm folgen und von ihm lernen. »Jünger« heißen solche Schüler und Freunde. Jesus ist der Anführer – und er führt sie weit. Von Dorf zu Dorf, am Fluss entlang und durch die Berge: Immer sind sie unterwegs. Und selten gibt es gut zu essen.

Sie gehen einen schmalen Pfad. Auf beiden Seiten wächst Getreide. Die Ähren sind schön reif. So golden, so prall – sie neigen sich zur Erde.

43

Petrus läuft das Wasser im Mund zusammen. Den anderen Jüngern geht es ähnlich. Korn, frisch aus der Ähre! Der Erste greift zu, der Zweite auch. Schließlich schälen sie alle Korn aus den Ähren und kauen und kauen voll Freude.

»Jesus!«, sagt eine strenge Stimme. »Bist du nicht ihr Lehrer?« Neben Jesus geht plötzlich ein anderer Lehrer, ein Hüter der heiligen Schriften. Er achtet darauf, dass niemand Gott beleidigt, zum Beispiel dadurch, dass er böse Worte sagt oder lügt oder stiehlt – oder … »Korn erntet am Tag der Ruhe«, sagt der Hüter. »Weißt du nicht, dass das verboten ist?« »Am Tag der Ruhe«, sagt Jesus, »will Gott, dass seine Kinder fröhlich sind. Und siehe: Sind sie's nicht?« Die Jünger kauen und lachen.

»Es ist nicht recht!«, sagt der Hüter der Schriften. »Ich sage, es ist gut!«, sagt Jesus. »Und siehst du: Gott im Himmel nickt.« Gerade geht ein Wind über das Feld und die Ähren neigen sich vor seiner Kraft. »Es war tatsächlich wie ein Nicken«, sagt Petrus, der alles gehört hat. Der Hüter der heiligen Schriften aber eilt davon. »Wer Gott beleidigt«, sagt er, »wird sterben!«

 »Und weiter?«, fragte Niklas. Frau Bibelwitz erinnerte uns an Karfreitag und Ostern. »Am Ende musste Jesus wirklich sterben«, sagte sie. Ich wusste das schon: Jesus ist am Kreuz gestorben. »Wie ging es weiter?«, fragte Niklas noch einmal. »Gott war gar nicht beleidigt«, sagte ich. »Gott hat ihn auferweckt.« Und Mose hob die linke Vorderpfote. »Gott-bei-den-Menschen«, sagte er.

44

💡 Einfall

»Das gehört sich nicht.« – Wachsen Kinder heute noch mit diesem Satz auf? Noch gar nicht lange her jedenfalls, da haben wir so ein Diktat des allgemeinen Wohlverhaltens gekannt: Das tut man nicht, das schickt sich nicht, wenn das die Leute sehen ... (Der »Ligusterweg« in »Harry Potter« ruft solche Lebenshaltung romanhaft überzeichnet ab – das wird ganz offenbar weithin verstanden.)

Im Grunde ist es mit solchen ungeschriebenen Gesetzen des sozialen Miteinanders nicht anders als mit den religiösen Gesetzen einer Glaubensgemeinschaft: Sie sind entstanden aus aufrichtigem und sinnvollem Bemühen um gutes Leben. Sie werden aber zur Qual wie zur Farce, wenn ihr ursprünglicher Zweck der Lebensdienlichkeit aus dem Blick gerät und sie dazu missbraucht werden, Menschen zu maßregeln, zu beurteilen und abzuwerten.

Geschwister tun das auch: sich gegenseitig Regeln vorhalten, die die Eltern gesetzt haben – und nicht immer geschieht das aus Einsicht in den Sinn der Regel. Oft gilt es mehr, sich ins Licht zu setzen und den anderen in den Schatten zu stellen.

🔍 Überlegungen zum Bibeltext

»Der Sabbat ist um des Menschen willen gemacht, und nicht der Mensch um des Sabbats willen«: Dieser Satz bei Markus – und nur bei Markus – ist nicht fett gedruckt in meiner Bibel wie jener andere, den alle drei Synoptiker teilen: »Der Menschensohn ist ein Herr über den Sabbat.« Und doch ist er für mich der Schlüsselsatz der Geschichte, wenn es um Jesu Stellung zum Gesetz und um den Sinn von Regeln geht. Niemand, auch Jesus nicht, bestreitet ihren Sinn. Er rückt aber die Wertigkeiten ins rechte Verhältnis: Die Regeln sollen dem Leben dienen, nicht das Leben den Regeln.

Jesus beruft sich zur Rechtfertigung seiner Jünger, die am Sabbat verbotene »Arbeit« tun, auf die Schrift, auf eine Geschichte von Davids Flucht vor Saul. David hat ein Sakrileg begangen – dass er von den

»Schaubroten«, dem geheiligten Brot im Tempel, nahm, um sich zu sättigen, ist ungefähr so, als würden wir uns heute an Abendmahlsoblaten vergreifen. Jesus argumentiert mit Davids Notlage: Wo ein Mensch hungert, soll er sich sättigen dürfen, und sei es auch mit »Heiligem«.

Das Beispiel hat heute vielleicht wenig Überzeugungskraft – allzu weit weg in einer allzu fremden Welt ist es angesiedelt. Was darin steckt, ist jedoch eine zeitlos relevante Wahrheit. Es geht um den Menschen! Vor allen »heiligen« Regeln geht es darum und will Gott, dass es dem Menschen gut geht.

Nur Matthäus erzählt, dass die Jünger hungrig waren – die anderen Evangelisten legen eher nahe, dass die Jünger ohne Not beginnen, Getreide zu »raufen«. Wenn Frau Bibelwitz auf die Rechtfertigung durch das Exempel von David und den Schaubroten verzichtet, tut sie gut daran, hier Matthäus zu folgen. Also: Die Jünger haben Hunger. Zugleich entfaltet sie den Spitzensatz bei Markus: Die Regeln dienen den Menschen, nicht umgekehrt.

Im Nachgespräch wird deutlich, wie riskant Jesu relatives Regelverständnis ist. »Ich steh dafür gerade« bedeutet in seinem Fall eben nicht nur ein Streitgespräch mit empörten Gesetzeshütern. Sein Weg führte bis ans Kreuz. Es ist gut, sich hier eng an die Vorlagen zu halten; sie haben diese Konsequenz im Blick. Es ist nur ehrlich, den Kindern von vornherein zu sagen, dass Jesus nicht nur Freunde hatte.

 ## Die elementare Geschichte

Frau Bibelwitz mischt sich ein, als Gesa ihrem Bruder Niklas einen »Mundraub« vorhält. Die Babysitterin tut, was »man« auf keinen Fall tut: in die Erziehung der Eltern hineinregieren, Regeln relativieren. Aber sie tut das augenzwinkernd und liebevoll und nicht, ohne die Regel generell zu bestätigen: »Ich steh dafür gerade«, sagt sie – und würde das nicht sagen, wenn die Regel es nicht wert wäre, geachtet zu werden.

Entscheidungen

Die Einstimmung kann auf das Sabbat-Gebot vorbereiten: Die Kinder haben vielleicht nicht mehr viele Sonntags-Erfahrungen, aber vielleicht doch die, dass schulfrei ist, die Eltern nicht arbeiten – und möglicherweise »ihre Ruhe haben« wollen.

Die Geschichte bietet viel Anlass zum Reden. Auf der anderen Seite gibt es schnelle, lustige Spiele zum Ausgleich. Angesichts der »Hunger«-Thematik soll am Ende auch gegessen werden.

Ablauf

Geschehen	Inhalt	Material
Ankommen	Begrüßung, Erzählgebet, Gebet	LH 270
Einstimmen	Lied mit Bewegungen; Erfahrungen teilen	M1 M2
Vertiefen	Mitmachspiel	M3
Nachdenken	Gesprächsimpulse 1	M4
Hören	Einmal erzählte uns …	
Nachdenken	Gesprächsimpulse 2	M4
Aktion	Backen, essen, spielen	M5
Weitergehen	Gebet, Lied, Segen	KG 210

♪₁ Laurentia, liebe Laurentia mein

Laurentia, liebe Laurentia mein,
wann werden wir wieder beisammen sein?
Am Montag!
Ach, wenn es doch erst wieder Montag wär
und ich bei meiner Laurentia wär, Laurentia!

Laurentia, liebe Laurentia mein,
wann werden wir wieder beisammen sein?
Am Dienstag!
Ach, wenn es doch erst wieder Montag, Dienstag* wär
Und ich bei meiner Laurentia wär, Laurentia!
* *alle schon genannten und den aktuellen Wochentag aufzählen!*

usw. bis Samstag; dann:

Laurentia, liebe Laurentia mein,
jetzt können wir endlich beisammen sein!
Am Sonntag!
Komm, setz dich liebe Laurentia mein,
wir wollen uns ausruhen, Groß und Klein, Laurentia!

Melodie im Internet
»Sonntagsstrophe« von A. Braner

ANLEITUNG

Wir stellen uns im Kreis auf und fassen uns an den Händen.

Immer, wenn wir »Laurentia« singen oder einen der Wochentage (Montag, Dienstag, Mittwoch, Donnerstag, Freitag, Samstag),

- gehen wir (1) zusammen in die Hocke …
- Puh, jetzt wird es zu anstrengend. Statt in die Hocke zu gehen, springen wir (2) in die Luft …
- Und jetzt hüpfen wir stattdessen (3) dreimal hintereinander auf der Stelle.

Sollte ein Kind ein körperliches Handicap haben und auf diese Art nicht mit-machen können, sucht es sich eine andere Tätigkeit aus, zu der es in der Lage ist, die aber auch anstrengt.

In der letzten Strophe sind wir bei SONNTAG angekommen: Wir ru-hen uns beim Singen aus, setzen uns auf den Boden, Rücken an Rücken oder legen uns bäuchlings hin.

Erfahrungen teilen im Gespräch

In dem Lied können wir uns am Sonntag zusammen mit Laurentia ausruhen. Und wie ist das sonst am Sonntag? Was ist da anders als am Montag, Dienstag ...? Erzählt mal:

- Wie ist das mit der Schule?
- ... mit dem Kindergarten?
- ... mit der Arbeit von Mama oder / und Papa?
- ... mit dem Aufstehen?
- ... mit dem, was ihr sonntags so alles tut?
- ... mit der Kirche?
- Was ist für dich das Schönste am Sonntag, was findest du blöd?

M3 Mitmachspiel

Die Raummitte ist leer geräumt und bietet ausreichend Platz, alternativ gehen alle nach draußen auf den Hof oder auf die Wiese.

ANLEITUNG

Jede und jeder von euch sucht sich bitte einen freien Platz im Raum mit ein bisschen Abstand zum oder zur Nächsten. Setz dich an deinen Platz auf den Boden. Stell dir vor, es ist Sonntag. Zu Hause wollen alle ihre Ruhe haben. Aber dir ist langweilig.

Erst pfeifst du ein bisschen vor dich hin *(alle pfeifen)*, dann trommelst du ungeduldig mit den Fingern auf den Boden *(alle trommeln)*, dann drehst du Däumchen *(alle drehen)*.

Aber schließlich springst du auf, läufst nach draußen und schaust, ob du ein paar Kumpel, Freundinnen und Freunde, triffst *(aufspringen, umherlaufen)*. Wie toll! Da sind ja noch andere. Wollt ihr miteinander spielen?

Wie wäre »Fischer, Fischer, wie tief ist das Wasser?« Ja?

DAS SPIEL

Einer/r ist Fischer und steht auf der einen Seite des Spielfeldes. Die anderen sind die Fische und stehen auf der anderen Seite und rufen: »Fischer, Fischer, wie tief ist das Wasser?« Der Fischer antwortet zum Beispiel: »Zehn Meter!« Die Fische rufen: »Wie kommen wir hinüber?« Der Fischer nennt eine Gangart, zum Beispiel »auf einem Bein hüpfend« oder »rückwärts gehend« oder »auf allen Vieren«. Die Kinder laufen in dieser Art los, um auf die andere Seite des Spielfeldes zu kommen. Der Fischer versucht, so viele wie möglich abzuschlagen. Dabei muss er in derselben Gangart gehen. Das Spiel dauert so lange, bis nur noch ein Fisch übrig ist, der in der nächsten Runde der Fischer wird.

WEITER MIT DEM MITMACHSPIEL

Oh, seid mal kurz ruhig! Wer kommt denn da? *(Aus zwei Richtungen kommen Mitarbeiter/innen angelaufen und schimpfen abwechselnd)*

Mitarbeiter/in 1: Was ist das denn für ein Lärm hier? Wisst ihr nicht, dass Sonntag ist?

Mitarbeiter/in 2: Und Sonntag ist Ruhetag! Haltet euch an die Regeln! Es gibt bestimmt Leute, die ihr mit eurem Krach stört!

Mitarbeiter/in 1: Geht nach Hause, Kinder!

Mitarbeiter/in 2: Ja, geht, sonst beschweren wir uns bei euren Eltern! Hier soll wieder Ruhe einkehren!

ÜBERLEITUNG

Bevor wir über das sprechen, was ihr gerade erlebt habt, hören wir von Niklas und Gesa und was Frau Bibelwitz ihnen heute erzählt …

Gesprächsimpulse

(1) GESPRÄCH ZUM ROLLENSPIEL

■ Was meint ihr, warum haben sich die beiden Frauen so sehr aufgeregt, als ihr laut und fröhlich gespielt habt?
■ Stellt euch vor, einer eurer Väter oder eine eurer Mütter wäre dazu gekommen und hätte euch in Schutz genommen: Was hätte sie / er zu den beiden Frauen gesagt?

(2) GESPRÄCH ZUR GESCHICHTE

■ Wo ist Gott in der Geschichte?

Abschluss

Bevor der Gottesdienst mit den Aktionen weitergeht, kommt der Hirtenstab ins Spiel. Ein/e Mitarbeitende/r hebt ihn auf und beginnt »als Petrus« zu erzählen, z. B.:

»Also, da hab ich mich ganz schön erschrocken! Es fing ganz harmlos an: ...« – Ein Kind übernimmt und dann weitere ...

`M5` Aktion: Backen

Fertigen Plätzchenteig, Backofen, Blech (Zum Backen ins Gemeindehaus umziehen!)

ÜBERLEITUNG

Habt ihr jetzt auch Hunger wie Jesus und seine Freunde? Hier ist ein fertiger Plätzchen-Teig. Er besteht aus Korn, das in Ähren gewachsen ist. Aber wir kauen die Haferkörner nicht wie die Jünger und Jesus. Unsere sind schon klein geschrotet und mit anderen Zutaten vermengt worden. Setzt kleine Teighäufchen mit Teelöffeln aufs Backblech. In 10 Minuten sind die Plätzchen fertig.

REZEPT FÜR CA. 50 PLÄTZCHEN

200 g Butter, 200 g Zucker, 1 P. Vanillin-Zucker, 1 Ei, 250 g Haferflocken, 100 g Mehl, 1 P. Backpulver

Die zimmerwarme Butter mit dem Zucker verrühren, Vanillin-Zucker und Ei hinzufügen. Haferflocken, Mehl und Backpulver vermischen und hinzufügen, alles gut verrühren. Aus dem Teig mit 2 Teelöffeln kleine Haufen formen und mit etwas Abstand auf ein mit Backpapier ausgelegtes Backblech setzen. Für 10 Minuten bei 200 Grad backen.

WARTEN

Während die Plätzchen im Ofen backen, decken die Kinder den Tisch und stimmen sich singend auf das gemeinsame Essen ein.

4 PETRUS UND DIE KINDER
(Segnung der Kinder)

Einmal erzählte Frau Bibelwitz uns von einem *Skandal*. Das war, als ich ewig in der Schlange gestanden hatte, um Pizza zu holen. Weil: Der Mann am Tresen hatte mich einfach nicht gesehen. »Das ist, weil du ein Kind bist«, sagte Niklas weise. »Kinder zählen nicht.« Da zischte Mose, die Eidechse, ihn an. Und Frau Bibelwitz sagte: »Das ist ein Skandal!«

Jesus ist inzwischen berühmt geworden. In Kapernaum und am See Genezaret und überall in den Dörfern und Städten von Galiläa reden die Leute von Jesus. Und wenn er kommt, stehen sie schon auf den Straßen und Plätzen, um Jesus zu sehen und zu treffen. »Gott-bei-den-Menschen«, sagen sie. Und ihre Augen glänzen.

(Bei den einen jedenfalls; von den anderen, einigen Hütern der heiligen Schriften, will ich jetzt nicht reden.)

Seht ihr da: unter dem großen Feigenbaum? Das ist der Marktplatz. Da sitzt Jesus und um ihn herum sind viele Männer, die ihn hören. »GOTT ist wie ein Mensch, aber größer«, sagt er. »Wie ein König, aber gerechter. Wie ein Hirte und wie ein Vater, aber geduldiger, noch viel geduldiger. GOTT ist euch nah. Ihr seid alle seine …«

Jesus wird unterbrochen. Es gibt Gedrängel, – da, wo der Schatten des Baumes endet und die heiße Sonne scheint. Jesus hört die Stimmen von Frauen und Kindern. Dann hört er Petrus, seinen Jünger: »Halt, nicht weiter! Ihr könnt nicht zu Jesus!« Die anderen Jünger sagen das auch.

Im Nu ist Jesus bei Petrus. »Was sagst du da?«, fragt er streng. Die Jünger haben eine Kette gebildet. Auf der anderen Seite, in der heißen Sonne, stehen Frauen. Sie haben ihre Kinder mitgebracht, kleine und große.

»Frauen und Kinder!«, sagt Petrus. »Sie können nicht zu dir, Herr. Du weißt schon: Frauen schweigen, wenn Männer reden – und Kinder zählen nicht.« »Die stören«, fügt Andreas, sein Bruder, hinzu.

»Unsinn!«, sagt Jesus zu Petrus. Und: »Unsinn!« zu Andreas. Dann geht er mitten durch die Kette seiner Jünger. Auf die andere Seite, in die heiße Sonne. »Friede sei mit euch!«, grüßt er die Frauen. »Was wollt ihr von mir?«

»Herr«, antwortet eine. »Du bist Gott-bei-den-Menschen. Wir bitten dich: Segne unsere Kinder.« Und Jesus hebt die Hände. Er legt sie bald dem einen, bald dem anderen Kind auf den Kopf. »Geh mit Gottes Segen«, sagt er. »Gott ist dir nah.«

Das dauert ziemlich lange. Es sind viele Kinder. Und dann segnet Jesus auch noch die Frauen. »Geht mit Gottes Segen.« Die Männer stehen dabei und murren. Was für ein Skandal! »Frauen«, murmeln sie. »Kinder.« »Wir Männer sind viel wichtiger.« »Aber uns lässt er warten.«

»Unsinn«, sagt Jesus später zu den Männern. Und auch zu seinen Jüngern. »Frauen und Männer: Vor Gott seid ihr gleich. Und die Kinder – Kinder sind etwas ganz Besonderes. Kinder sind Gott besonders nahe.«

»Herr!«, ruft plötzlich einer der Männer. »Was wolltest du sagen – vorhin, bevor die Frauen uns unterbrochen haben?« Jesus sieht ihn an. »Ihr seid alle …«, sagt er. Und Petrus schlägt sich an die Stirn. »Gottes Kinder!«, ruft er laut. »Komm, Herr, segne auch uns!«

 Die Pizza, die ich geholt hatte, war längst alle. Nur ein paar Ränder waren zurückgeblieben. »Kinder sind was ganz Besonderes«, sagte Niklas stolz. »Und warum weiß das keiner?«, fragte ich. »Doch!«, sagte Niklas. »Hast du doch gehört: Jesus – der weiß das!« Mose, die Eidechse, stolzierte über die leere Pizzaschachtel. »Gott-bei-den-Menschen«, sagte er zufrieden.

Einfall

Kinder erleben es im Alltag: Sie werden nicht ernst genommen. Und niemand stört sich dran. Das ist nun einmal so – kein Grund, sich aufzuregen? Eine gute Gelegenheit, hier eine ganz und gar deutliche Geschichte neu zu erzählen: Bei Jesus findet solche Missachtung explizit Beachtung und Korrektur. Nicht nur, dass er nicht mitmacht beim Übergehen der Kleinen und Leisen – er setzt sie sogar ausdrücklich in Szene: »Denn *solchen* gehört das Himmelreich.« Wozu man freilich bedenken darf: Alle können *solche* sein: Kinder in den Augen des himmlischen Vaters.

Überlegungen zum Bibeltext

Über die Frage, was genau Jesus in Kindern sieht und an Kindern so sehr achtet, ist schon viel diskutiert worden. Verklärt von der »Unschuld der Kinder« zu sprechen, führt sicherlich auf einen romantisierenden Irrweg. Eher passt es zu Jesu Botschaft, an Kindern zu schätzen, dass sie noch keinen Status verteidigen, noch nicht auf Würdigung ihrer Verdienste und ihrer Stellung pochen. Denn eine solche Haltung wirkt wie ein Panzer und macht gegen die Verheißung des Himmelreiches immun.

Auffällig ist, dass ausgerechnet Markus, der sonst so knapp und nüchtern schreibt, die Geschichte von der Kindersegnung ausführlicher erzählt als die beiden anderen Synoptiker. »Da wurde Jesus unwillig« – so kommentiert er Jesu Reaktion auf die Abwehrhaltung der Jünger. Und er ergänzt Jesu Hinwendung zu den Kindern: »Er herzte sie und legte die Hände auf sie und segnete sie.« – Auf diesen beiden Sätzen basieren üblicherweise die Erzählungen und Dramatisierungen der Geschichte.

Die elementare Geschichte

Frau Bibelwitz nimmt den zweiten Satz zum Anlass, den Gedanken des Segnens zu entfalten. Und was den »Unwillen« Jesu angeht: Der kommt in klaren Worten zum Ausdruck – »Unsinn«, lässt sie Jesus deutlich sagen –, führt aber nicht zur Ausgrenzung. Die Pointe der Geschichte, ganz im Sinn der Botschaft Jesu: Indem sich die »Männer« von ihrer Statussicherheit trennen, können auch sie Kinder-Status genießen: als Kinder des Vaters im Himmel.

 ## Entscheidungen

Jeder und jede soll sich als gesegnetes Kind Gottes erfahren. Gottes Zusage von Schutz, Begleitung und Beistand kann ich mir nicht selber geben. Ich bekomme den Segen zugesprochen. Ihn kann und darf ich anderen weitersagen und weitergeben.

Weil Segen sich in Worten und Gesten zeigt, berührt und bewegt er. Im Gottesdienst soll darum Raum sein für das Ausprobieren von Segensgesten, Segenshaltungen und Segensworten. Gemeinsam wird nachgespürt, was es heißt, um Gottes Segen zu bitten, ihn als Zusage Gottes zu empfangen und zu schenken und für Gottes Segen zu danken.

 ## Ablauf

Geschehen	Inhalt	Material
Ankommen	Begrüßung, Erzählgebet, Lied	LH 216
Einstimmen	Übung, Spiel, Gespräch	M1
Hören	Einmal erzählte uns …	
Nachdenken	Gesprächsimpulse	LH 222 M2
Vertiefen	Segens-Ritual	M3
Weitergehen	Gebet, Lied, Segen	LH 247 M4

Übungen

IMAGINATIONSÜBUNG:
DU BIST ZU KLEIN!

Du bist mit deiner Familie auf dem Jahrmarkt. Es ist ganz viel Trubel. Es duftet nach Zuckerwatte und Waffeln. Überall Musik. Aber am meisten freust du dich auf ein bestimmtes Karussell. Du kannst deine Familie überreden, gleich dort hinzugehen. Von Weitem ist schon eine Menschenschlange zu sehen. Ihr stellt euch an. Ihr wartet. – Es dauert. Du malst dir aus, wie die Fahrt sein wird. Nur langsam geht es in der Schlange vorwärts. – Es dauert. – Als ihr endlich ankommt, musst du dich an eine Messlatte stellen, von der deine Größe abgelesen wird. Der Mann dort sagt: »Tut mir leid, aber du darfst nicht. Du bist noch zu klein.« – Wie fühlst du dich?

Eine entsprechende Situation kann kurz dargestellt werden. Dazu eignen sich Rollenspiel, Standbild, Malen oder das Ausdrücken eines Gefühls in der Haltung einer Tonfigur.

»KATZ UND MAUS«-SPIEL

Zwei Drittel der Kinder bildet eine menschliche Kette. Es kann auch ein Kreis werden, bei dem die Kinder nach außen schauen. Die anderen versuchen, die Lücken zu erwischen, um auf die andere Seite zu kommen. Die anderen verhindern das nach Kräften, ohne dass die Kette reißt.

»DREHTÜR«

Runde 2: Spielsituation wie in 1. Kommt nun allerdings ein Kind an und drückt gegen Schulter oder Hände, wird es durchgelassen. Wie bei einer Drehtür kann es langsam weitergehen. Sanft wird es dann durch den Arm des anderen Kindes weitergeschoben.

Auf Zuruf von Stichworten wird eine Dialog-Szene entwickelt. Wichtig hierbei: Es gibt zwei Rollen mit jeweils unterschiedlichem Status (Lehrerin / Schüler; Arzt / Patientin; Eltern / Kind …). Dazu wird improvisiert. Nach kurzer Zeit gibt es ein Signal. Die Rollen tauschen. Wie ändern sich die Machtverhältnisse?

GESA UND DIE PIZZA

Die Rahmenerzählung (Teil 1) wird erzählt.

Wie hättest du an dieser Stelle reagiert? Ist dir so etwas auch schon passiert?

Gesprächsimpulse

ZUR GESCHICHTE

- Was war für dich das Schönste in der Erzählung?
- Was war für dich das Wichtigste?
- Die Jünger haben die Kinder nicht zu Jesus gelassen. Was ging ihnen dabei durch den Kopf?
- Hat die Geschichte etwas von dir erzählt?
- Hast du das auch schon erlebt: gesegnet zu werden?
- Petrus sagt: »Alle sind Kinder Gottes.« Ich frage mich und euch: »Was hat er sich wohl dabei gedacht?«

Abschluss

Bevor das Segens-Ritual beginnt, kommt der Hirtenstab zum Einsatz. Ein/e Mitarbeitende/r beginnt:

»Wenn ich ehrlich bin, habe ich noch nie darüber nachgedacht: ob Kinder und Frauen eigentlich gleich viel wert sind wie Männer. Aber gestern …« – Ein Kind übernimmt, dann ein weiteres …

M3 Vertiefen

Verschiedene Segensrituale werden ausprobiert:[2]

IM KREIS

Linke Hand auf die rechte Schulter des / der Nächsten legen (Segen weitergeben). Rechte Hand wie eine Schale in die Kreismitte halten (Segen empfangen). Dazu wird ein Segenswort gesprochen.

PAARWEISE

Beide Hände auf den Kopf des zu Segnenden legen
Gott segne dich und behüte dich.

Hände auf die Schultern des zu Segnenden legen
Gott gebe dir Kraft und Mut.

Handflächen auf die offenen Handflächen legen
Gott schenke dir Frieden.

Zu den Vorschlägen können verschiedene Alternativen gemeinsam entwickelt werden.

Bitte keinen »Schwebesegen« (ohne Berührung, in der Luft)! Ebenso keinen Segen von hinten.

SEGENS-SCHATZKISTE

Biblische Segensworte werden gefunden und auf Karten geschrieben. Sie werden in der Kiste gesammelt und zum Geburtstag oder Tauftag eines Kinder / einer Mitarbeiterin gezogen und zugesagt. So kann der Segens-Schatz immer größer werden.

---

2 Zur Sprache des Segens und zu Segensritualen: KIMMIK PraxisGreenline 03 »Segensreiche Kindergottesdienste«, hg. vom Arbeitsbereich Kindergottesdienst im Michaeliskloster Hildesheim, Ev. Zentrum für Gottesdienst und Kirchenmusik der Ev.-luth. Landeskirche Hannovers 2013.

M4 Gebet und Segen

> Gütiger Vater im Himmel,
> wir sind deine Kinder.
> Du liebst uns.
> Ohne Zögern setzt du dich für uns ein.
> Lass uns durch dein Vertrauen wachsen.
> Wir bitten: Gib uns deinen Segen.

SEGEN

> Im Kreis wird der Segen weitergegeben. Mit einem der zuvor entwickelten Segensrituale.

M5 Worte für die Segenskiste

DER AARONITISCHE SEGEN

> Der Herr segne dich und behüte dich,
> der Herr lasse sein Angesicht
> leuchten über dir und sei dir gnädig,
> der Herr erhebe sein Angesicht
> über dich und gebe dir Frieden.
> *4 Mose 6,24–26*

GOTT ZU ABRAHAM

> Ich will dich segnen und du sollst ein Segen sein.
> *1 Mose 12,2.3*

DER TAUFSEGEN

> Fürchte dich nicht, ich habe dich erlöst.
> Ich habe dich bei deinem Namen gerufen.
> Du bist mein.
> *Jesaja 43,1*

DER KANZELSEGEN

> Die Gnade unseres Herrn Jesu Christi und die Liebe Gottes und die
> Gemeinschaft des Heiligen Geistes sei mit euch allen!
> *2 Korinther 13,13*

5 PETRUS UND DER »UNBERÜHRBARE«
(Heilung des Aussätzigen)

 Einmal erzählte uns Frau Bibelwitz von einem Ausgesetzten. Das war, als ich von der Neuen in unserer Klasse erzählte. Keiner wollte neben ihr sitzen. Denn sie roch nicht gut.

Da ist eine Stadt. Drinnen wohnen viele Menschen. Einer aber ist draußen. Sie lassen ihn nicht herein. Sie haben ihn ausgesetzt. Er hat eine schlimme Hautkrankheit. Er riecht nicht gut. Er sieht nicht gut aus. Wer ihn anschaut, hat Angst. Ob das ansteckend ist?

Menschen mit dieser Krankheit dürfen nicht hinein. Sie müssen draußen bleiben. Und wenn sich jemand nähert, müssen sie rufen: »Aussätzig, aussätzig!« Sie müssen ihn warnen.

Jesus kommt mit seinen Jüngern. Er kommt von draußen und will in die Stadt. Sie werden ihn hereinlassen. Sie freuen sich schon. Aber Jesus bleibt stehen, draußen vor der Stadt. Er hat etwas gesehen. Den Mann, den Ausgesetzten.

»Aussätzig, aussätzig«, sagt Petrus. »Herr, halt dich fern.« Jesus sieht Petrus an. »Glaubst du wirklich, dass ich das tue?«, fragt er. »Warum nicht?«, sagt Andreas. »Alle halten sich fern.« »Kaum, dass sie ihm Nahrung bringen«, ergänzt ein anderer Jünger.

»Und Gott?«, fragt Jesus. »Was glaubt ihr, wo Gott ist?« Petrus hebt den Arm. »Drinnen in der Stadt«, will er sagen. Aber er kommt nicht dazu. Denn Jesus ist schon losgegangen – geradewegs auf den Aussätzigen zu.

»Kann ich dir helfen?«, fragt Jesus. »Herr, halt dich fern!«, sagt der Aussätzige. »Willst du wirklich, dass ich das tue?«, fragt Jesus. Da fängt der Aussätzige an zu weinen. »Ich bin sehr einsam, Herr«, sagt er.

»Geh hinein!«, sagt Jesus und zeigt auf die Stadt. »Aber, Herr …«, sagt der Aussätzige, »ich bin doch aus- …« – aber nein: Als er sich anschaut, da ist er kein Aussätziger mehr. »Herr!«, ruft er. »Wie hast du das gemacht?« Jesus sieht sich nach Petrus um. »Du hast es doch gesehen«, sagt er. »Nun kommt! Wir gehen in die Stadt.«

 »Vielleicht war der Mann gar nicht wirklich aussätzig«, sagte Niklas. »Vielleicht haben sie das nur gedacht.« »Sein Aussatz war so echt wie meine roten Haare«, entgegnete Frau Bibelwitz. Und Mose, die Eidechse, nickte. »Und wie der Geruch von der Neuen«, ergänzte ich. Und dann musste ich erst einmal nachdenken.

💡 Einfall

Zum Glück kennen unsere Kinder die Krankheit Lepra nicht mehr, die Menschen zu Ausgestoßenen macht. Andere Gründe der Ausgrenzung jedoch kennen sie sehr wohl. Außenseiter gibt es nahezu in jeder Klasse und Gruppe, auch schon bei den Kleinen. Der eine ist zu dick, die andere zu ängstlich, jener trägt die falschen Klamotten, diese spielt keine coolen Spiele. Das mag eine weniger existenzielle Ausgrenzung sein als die durch eine (damals) schwer heilbare Krankheit – und doch dürfte sie sich für die Betroffenen recht ähnlich anfühlen. Um dieses Fühlen soll es gehen – um das Sich-Einfühlen in den, der nicht mitmachen darf.

Überlegungen zum Bibeltext

Die Begegnungs- und Heilungsgeschichten der Evangelien sind sehr vielfältig. Bald wird Jesus gebeten, bald geradezu überredet, zu helfen, bald geht er von selbst auf Bedürftige zu. Hier heilt er durch ein Wort, dort durch eine Berührung, manchmal in Handarbeit, manchmal im Vorübergehen. Die Beschränkung auf wenige exemplarische Geschichten kann dieser Vielfalt nicht gerecht werden; es gilt, auszuwählen und diese Wahl zu begründen.

Zur besonderen Not Ausgegrenzter gehört, dass ihnen die Hoffnung verloren geht, dass sie nicht mehr erwarten, dass es einmal anders sein könnte. Sie akzeptieren ihren Zustand und resignieren. Darum wird Frau Bibelwitz die Geschichte des Aussätzigen um den Beginn anderer Heilungsgeschichten erweitern: Jesus ist es, der die Initiative ergreift und von sich aus Hilfe anbietet. Erst daraus schöpft der Ausgesetzte den Mut, sein Bedürfnis zu äußern.

Die Heilung geschieht prompt. Die Bitte des Aussätzigen und Jesu Einwilligung genügen – er sprach und es ward: Die Heilung wird erzählt wie ein Schöpfungsakt. Das gibt (wie in der Geschichte von der Heilung der Schwiegermutter des Petrus) viel Raum zum Fragen und Deuten. Frau Bibelwitz wird hier kein Wort mehr als nötig verlieren.

Die elementare Bibelgeschichte

Frau Bibelwitz erzählt von einem Menschen, der wegen einer Krankheit aus der Stadtgemeinschaft ausgegrenzt wird. Petrus warnt Jesus vor dem Kranken, er will ihn schützen.

Petrus sieht die Krankheit. Jesus sieht den Menschen. Wer weint, bleibt offen. Jesus durchbricht das vorgeschriebene Kontaktverbot, berührt sogar den Kranken. »Sei rein und geh hinein!« In diesen wenigen Worten leuchtet die Vollmacht Jesu auf. In ihm ist der Schöpfer gegenwärtig. Was er sagt, geschieht.

Jesus öffnet dem Menschen durch die Heilung wieder den Zugang zur sozialen und religiösen Gemeinschaft. Die Jünger scheinen sprachlos angesichts der machtvollen Sprache Jesu. Was mögen sie fühlen, denken?

Niklas bleibt skeptisch. Zweifelt sogar die Heilkünste von Jesus an. War der Aussatz echt? Frau Bibelwitz und Mose stellen ihm sichtbare und riechbare Tatsachen vor Augen und Nase. Die Tür ist geöffnet für eigene Erfahrungen.

 ## Entscheidungen

Im Kindergottesdienst entdecken Kinder und Mitarbeitende eine Heilungsgeschichte durch emotionale Erfahrungen. Die Empathie für ausgegrenzte Menschen in der gegenwärtigen Lebenswirklichkeit wird gestärkt durch die Entdeckung emotionaler Psalmworte. Daneben wird die freudige Erfahrung des Wieder-Dazugehörens durch ein Körper orientiertes Spiel vertieft.

Durch ein »anrührendes Berührungsbild« aus der Sicht Jesu wird die Sensibilität für die eigene »Erbarmungs-Kompetenz« kreativ gestaltend vertieft. Kinder erleben Kindergottesdienst als inklusive Gemeinschaft, die zu menschenfreundlichen Grenzüberschreitungen im Lebensalltag motiviert.

Das Lied »Ein jeder kann kommen«, das im Ablauf für das »Ankommen« vorgeschlagen ist, beschreibt den Traum einer offenen, einladenden Gemeinde. Im Rahmen der Kinderrechtsdiskussionen kam dieses Lied in heftige Kritik: »Dumme, Doofe, Fette ... – das geht nicht!« Die neue Sensibilität gegenüber Kindern und das wertschätzende Reden über Kinder und mit ihnen sind heute eigentlich selbstverständlich. – Eigentlich ...

Kinder erleben aber weiterhin, dass sie als »Dumme und Fette« bezeichnet werden. Das schmerzt. Manche Kinder finden sich selbst als dumm oder fett und können sich nicht selbst annehmen, wie sie sind. Im Kindergottesdienst sind die Uncoolen, Versager, Gemobbten, Magersüchtigen, Pickelgesichter willkommen.

Wir hoffen: Kinder, die singen, das Fette willkommen sind, werden sich an die Seite von dicken Menschen stellen. Kinder, die singen, das Doofe willkommen sind, werden nicht mitlachen, sondern helfen. Kinder, die singen, dass Menschen, die sich daneben benehmen, willkommen sind, werden barmherzig sein.

 ## Ablauf

Geschehen	Inhalt	Material
Ankommen	Persönliche Begrüßung, Lied	LH 204
Einstimmen	Erfahrungen des Draußen-Seins mit Psalmen entdecken	M1
Hören 1	Rahmen 1 und die Erzählung	
Vertiefen 1	Skulpturspiel zur Erfahrung des Wiederaufgenommen-Werdens	LH 211 M2
Hören 2	Rahmen 2	
Vertiefen 2	Berührungsbild gestalten	M3
Weitergehen	Gebet, Lied, Segen spüren	LH 279

M1 Draußen-Sein

Wir hören Worte aus der Bibel. Worte aus einem Psalm. Psalm 38. Ein Mensch hat dort seine Erfahrungen aufgeschrieben. Er hat das, was er erlebt und fühlt, seinem Gott erzählt. Vielleicht sind es auch unsere Erfahrungen. – Ich sage immer einen Satz vor und ihr wiederholt diesen Satz gemeinsam. Wir nehmen uns viel Zeit für diesen Psalm. Bitte schließt eure Augen. Dann könnt ihr die Worte des Psalmbeters gut hören und spüren.

NACH PSALM 38

Ich bin kraftlos.
Ich fühle mich ganz zerschlagen.
Es gibt keine heile Stelle an mir.

Ich bin gekrümmt.
Ich stöhne leise.
Ich bin wie taub, höre nicht.
Ich bin wie stumm, mache den Mund nicht auf.
Mein Herz klopft schnell.

Meine Freunde halten sich fern von mir.
Auch meine Freundinnen.

Sie reden heimlich über mich.
Sie lachen schadenfroh über mich.
Sie hassen mich.

Ich bin draußen. Allein.

Verlass mich nicht, mein Gott.
Sei nicht fern von mir.
Eile mir zu Hilfe. Rette mich, mein Gott!
Erbarme dich über mich!

Skulptur-Spiel: Ich gehöre wieder dazu

EINLEITUNG

Der Mensch, den Jesus berührt und geheilt hat, geht nach vielen Jahren wieder in seine Stadt.

Der Weg führt außen an der Stadtmauer entlang. Dort biegt er ab und führt durch das große Stadttor. Hier sitzen immer viele Menschen. Die Ältesten der Stadt, die zu entscheiden haben. Händler und Marktfrauen mit ihren Obstständen. Kinder spielen im Schatten.

AKTION

Du bist der Mensch, den Jesus berührt und geheilt hat. Noch ein Schritt, und du stehst im Stadttor. Nach so vielen Jahren.

Hier ist das Stadttor.

Zwei Stühle bilden mit ihren Rückenlehnen den Eingang.

Zeigt ohne zu reden – zeigt nacheinander: Wie sieht das aus, dein erster Schritt ins Stadttor?

Kinder und Mitarbeitende, die möchten, zeigen nacheinander mit Gestik und Mimik, mit ihrer Körperhaltung den ersten Schritt des Geheilten in die Stadt.

Bleibt einen Moment so stehen. Bewegungslos, wie auf einem Foto.

Keine »Skulptur« wird kommentiert. Alles geschieht in Stille. Wenn alle, die wollten, ihren ersten Schritt gezeigt haben, können die Eindrücke miteinander ausgetauscht werden.

M3 Ein anrührendes Berührungsbild gestalten

MATERIAL UND VORBEREITUNG

- Kohlestifte (gibt es günstig in Geschäften für Bastelbedarf)
- Pappen werden aus Kartonpappe grob gerissen. Größe: 30 × 30 cm.

AUFGABE

Wir gestalten ein Bild aus der Perspektive Jesu: Mit Jesu Augen sehe ich auf den Aussätzigen, der vor mir kniet. Was berührt mich? Wer berührt mich? Wie berühre ich diesen Menschen?

Wir malen mit Kohlestiften auf brauner Paketpappe.[3] Drei Farben können gewählt werden: Schwarz, Braun und Weiß.

Von Jesus ist vielleicht nur Arm und Hand zu sehen, vielleicht seine Füße. Mehr nicht.

NACH DEM GESTALTEN

- … werden die Kunstwerke einander gezeigt. Zunächst können die Betrachter sich äußern: Welche Gefühle werden bei mir angesprochen? Was berührt mich besonders?
- Dann kann der Künstler / die Künstlerin noch etwas sagen.
- Die Bilder können nach Hause mitgenommen werden oder es entsteht eine Bilderausstellung in der Kirchengemeinde. Dann sollte bei jedem Kunstwerk ein Satz des Künstlers aufgeschrieben dazugestellt werden.

---

3 Zur kreativen Gestaltung mit Kohlestiften und anderen Malmitteln finden sich ausgezeichnete Anleitungen und Praxisbeispiele in der Arbeitshilfe: Im Kindergottesdienst ist alles Rosa!? Ästhetische Zugänge zu Bibelgeschichten im Kindergottesdienst. KIMMIK-Praxis 51. Hg. vom Arbeitsbereich Kindergottesdienst im Michaeliskloster Hildesheim, 2013, www.michaeliskloster.de

PETRUS UND DER ARME REICHE
(Zachäus)

Einmal erzählte Frau Bibelwitz uns von einem Geizhals. Das war, als Niklas und ich uns um die Lakritzschnecken stritten, die sie uns mitgebracht hatte. Weil: Niklas hatte schon viel mehr gegessen. Und nun wollte er auch noch den Rest ...

Die Stadt, in die Jesus kommt, heißt Jericho. Die Menschen drängen sich an der Straße. Jeder will ihn sehen, den Gott-bei-den-Menschen. Jeder will dabei sein, wenn er heilt. Wenn er ein Wunder tut. Oder: Wenn es wieder einen Skandal gibt. Da kommt er schon: Jesus. Mit seinen Jüngern. Staubig sieht er aus. Kein bisschen besonders. Vielleicht riecht er auch nicht gut. Wer weiß. Er geht an den Leuten vorbei. Er grüßt nicht und er winkt nicht. Vielleicht mag er es nicht, wie sie ihn anstarren. Die Leute murren. Es passiert nichts. Kein Wunder. Kein Skandal. Nichts Besonderes. Aber dann bleibt Jesus stehen. Unter einem Baum. Er schaut auf, er schaut hinauf in die Krone. »Komm runter, Zachäus«, sagt er. »Ich will heute dein Gast sein.« Da springt ein Mann aus dem Baum. Er trägt bunte Kleider. Und Ringe und Armbänder, lederne Schuhe. Er strahlt übers ganze Gesicht. »Oh, Herr! Wie gern! Es ist mir eine Freude! – Hier, komm, hier entlang!« Petrus tritt zu Jesus. »Wer ist das?«, fragt er. »Und woher wusstest du, dass er da ist?« »Das ist ein armer Mann«, sagt Jesus. »Er hat schon sehr lange auf uns gewartet.« Petrus sieht auf die reichen Kleider des Mannes. »Sehr arm, in der Tat«, murmelt er. »Sieh dich vor, Herr«, sagt Andreas. »Ich höre, was die Leute sagen. Er ist ein Halsabschneider und ein Geizhals. Er kassiert Steuern für den Kaiser in Rom. Und für die eigene Tasche. Hier ist keiner, der ihn mag.« Jesus hebt die Schultern. »Sag ich doch: ein armer Mann.«

Bei Zachäus zu Hause sitzen Jesus und seine Jünger an einer reich gedeckten Tafel. Sie trinken Wein und essen Braten. »Gefällt es euch bei mir?«, fragt Zachäus seine Gäste. »Und wie!«, sagt Andreas mit vollem Mund. »Man sollte öfter feiern!«, ruft Zachäus. »Ich weiß schon, was ich mache! Ich lade morgen alle ein, die jetzt da draußen auf der Straße stehen.«

Petrus schaut zur Tür hinaus. Da stehen sie und schimpfen: »Was für ein Skandal!« Sie zeigen auf Zachäus' Haus. »Zu diesem Geizhals geht er!« Sie ballen ihre Fäuste. »Der ist doch gar nichts wert!« Sie schütteln die Köpfe. »Warum lässt uns Jesus warten?«

»Ich glaube kaum, dass jemand kommen wird«, sagt Petrus zu Zachäus. »Du weißt ja wohl: Sie hassen dich.« »Sie haben allen Grund«, antwortet Zachäus. »Ich habe sie betrogen. Doch warte nur: Ich mach es wieder gut!« Und Jesus lacht ihm zu.

Später sagt Jesus zu den Leuten draußen: »Unsinn!« Dann fragt er sie: »Wisst ihr, was wertvoll ist in Gottes Augen? Ein Mensch, der weiß, wie arm er ist – und der sich retten lässt.«

»Ich bin hungrig!«, rief Niklas. »Dein Bauch ist voller Lakritzschnecken«, warf ich ihm vor. Ich dachte, er will weiter streiten. »Das ist es ja!«, stöhnte Niklas. »Mein Bauch ist voll – aber das macht nicht satt.« Da riss Mose, die Eidechse, die Augen auf. »Gott-bei-den-Menschen –«, rief er, »der sagt das auch!«

Einfall

Haben wollen – und doch, wenn man hat, nicht glücklich sein: Diese Erfahrung, die auch Kinder mit dem Wünschen machen, hat wohl vor allem damit zu tun, dass der Wert heiler Beziehungen zu wenig in Betracht gezogen wird. Am Beispiel des Zöllners Zachäus lässt sich das gut erkennen: Äußerlich ist er reich. Aber Jesus erkennt, dass er arm ist – oder, in der Begrifflichkeit des Neuen Testamentes: verloren.

Überlegungen zum Bibeltext

Diese Geschichte aus dem Sondergut des Lukas gehört zum Grundbestand der Jesus-Geschichten, die wir Kindern gern erzählen: der Reiche, der arm ist, der Vornehme, der klein ist, der auf einen Baum steigen muss, um schauen zu können, der Versteckte, den Jesus mühelos entdeckt (weiß Zachäus, dass er verloren ist? Will er gefunden werden?) – Motive, die anschaulich erzählt werden können und zum Spielen verlocken.

Und doch wird die Wirkung der Geschichte oft verhindert, weil sie vermeintlich so vieler Erklärungen bedarf: Wissen die Kinder, was ein Zöllner ist? Kennen sie die politische Lage im Israel zur Zeit des Römischen Reichs? Wissen sie, wie die Bevölkerung unter den Besatzern litt? Wie verhasst Kollaborateure waren und welche Rolle überdies religiöse Reinheitsvorstellungen hatten? – Nein, das wissen sie nicht, und wer es weiß, hat auf einmal große Distanz zu der Geschichte. Sie rückt weit in die Vergangenheit und eine Welt, die die eigene nicht mehr berührt.

Für einen elementaren Zugang spielen weder die politischen noch die religiösen Spezialitäten eine große Rolle: Alles, was Kinder wissen müssen, um das Berührende der Geschichte erspüren zu können: Da ist einer unrechtmäßig reich – und einsam durch eigene Schuld. Und der erkennt das. Durch Jesus. Nicht etwa, weil Jesus ihm ins Gewissen redet, sondern weil Jesus ihn spüren lässt, was wirklich zählt: heile Beziehungen, Tischgemeinschaft.

Die elementare Geschichte

Frau Bibelwitz erzählt von einem Mann, der äußerlich reich und innerlich arm ist. Der sich aus seinem »Elfenbeinturm« traut – und dann von seinem »hohen Ross«. Der plötzlich merkt, wie viel Freude das gemeinsame Feiern macht. Das macht ihn äußerlich ärmer – und innerlich reich.

 ## Entscheidungen

Es ist gar nicht nötig, von dieser Geschichte weite Sprünge in die Erfahrungswelt der Kinder zu machen. Es ist auch nicht nötig, viel zu reden. So elementar, wie sie in dem Erzählvorschlag ist, wird sie unmittelbar erlebbar und kann ihre heilsame Wirkung entfalten. Sie muss nur gespielt werden. Dem gibt der Gottesdienst viel Raum.

 ## Ablauf

Geschehen	Inhalt	Material
Ankommen	Lied, Erzählgebet, Psalm 136	LH 73 / KG 171 M1
Einstimmen	Murmelpantomime	M2
Hören	Petrus lernt etwas …	
Vertiefen und Aneignen	Mitmachspiel »Armer Zachäus« (M3), Nacherzählung (M4)	LH 238 M3 M4
Weitergehen	Lied, Gebet, Segen (M5)	LH 224 M5

M1 Gottes Wunder (nach Psalm 136)

Die Kinder sprechen jeweils den Kehrvers: Denn sein Güte ...

Danket Gott dem HERRN;
denn er ist freundlich,
denn seine Güte hat kein Ende.

Der allein große Wunder tut,
denn seine Güte hat kein Ende.
Der die Himmel mit Weisheit gemacht hat,
denn seine Güte hat kein Ende.
Der die Erde über den Wassern ausgebreitet hat,
denn seine Güte hat kein Ende.

Der große Lichter gemacht hat,
denn seine Güte hat kein Ende:
die Sonne, den Tag zu regieren,
denn seine Güte hat kein Ende;
den Mond und die Sterne, die Nacht zu regieren,
denn seine Güte hat kein Ende.

Der sein Volk führte durch die Wüste,
denn seine Güte hat kein Ende.
Der an uns dachte, als wir unterdrückt waren,
denn seine Güte hat kein Ende;
und uns erlöste von unsern Feinden,
denn seine Güte hat kein Ende.

Der Speise gibt allem, was lebt.
denn seine Güte hat kein Ende.
Danket dem Gott des Himmels,
denn seine Güte hat kein Ende.

Danket Gott dem HERRN;
denn er ist freundlich,
denn seine Güte hat kein Ende.

Murmel-Pantomime

- Zwei Mitarbeiter(innen) spielen ohne Worte folgende Szene:
- M1 sitzt am Boden und spielt mit einer ganz besonderen Murmel. (still vergnügt)
- M2 kommt, schaut zu, deutet mit Gesten an, dass er mitspielen will.
- M1 willigt ein. M2 setzt sich zu ihm. Die beiden spielen eine Weile friedlich.
- M2 lenkt M1 ab (zeigt zum Himmel, gestikuliert).
- M1 dreht sich weg, um zu sehen, was es da (nicht) zu sehen gibt.
- M2 schnappt sich die Murmel und rennt weg.
- M1 schaut sich um. Sucht die Murmel. Versteht die Welt nicht mehr. Bleibt traurig sitzen.
- M2 bleibt in einigem Abstand von M1 stehen, hält die Murmel triumphierend hoch, setzt sich, beginnt zu spielen. Zunehmend unruhig. Schaut sich immer wieder nach M1 um. Lässt die Murmel schließlich rollen. Traurig.

Die Kinder besprechen, was sie gesehen haben. *Erwartungshorizont:* Jetzt sind beide nicht fröhlich. Der eine, weil er betrogen wurde, der andere, weil er zwar die Murmel hat, aber keinen zum Spielen.

M3 Mitmachspiel »Armer Zachäus«

Material / Vorbereitung: weiter Sitzkreis mit viel freiem Raum, 1 Stuhl, 3 Schokotaler in Goldfolie für jedes Kind[4]

Ein/e Mitarbeitende/r spricht, ein zweiter / eine zweite assistiert.

M1:
Kommt mit nach Jericho, kommt, stellt euch vor, dass ihr da lebt. Ihr seid die Einwohner von Jericho. Die Menschen in der Stadt hatten nur wenig Gold.

M2 verteilt die Goldtaler (3 pro Kind)

Einer in der Stadt hatte mehr Gold.

Einem Kind mehr Gold geben.

Der hieß Zachäus. Es machte ihm Freude, sein Gold zu zählen. Das sah man an seinem Gesicht. Er tat das dreimal am Tag.

Kind zählt sein Geld (auf einen Wink, eine kurze Ermutigung hin) – dreimal.

Am liebsten wollte er noch mehr Gold. Da hatte er eine Idee: Er nahm es den anderen ab, jedem ein Stück.

Kind steht auf und sammelt das Geld ein. Wenn sich Widerstand regt, wird der ignoriert.

Er nannte das »Zoll« und keiner konnte sich dagegen wehren. Denn die Herren der Stadt, die Römer, wollten es so. Was meint ihr, wie die Leute von Jericho das fanden … Man sah es in ihren Gesichtern, in ihrer Haltung …

Kinder, die ein Goldstück abgeben mussten, senken z. B. die Köpfe.

---

4 Dieser Entwurf befindet sich auch in: Martina Steinkühler, Religion mit Kindern 1. Materialien für die Grundschule, Göttingen 2013.

Aber Zachäus freute sich. Er ließ das Gold durch seine Finger rieseln – eine ganze Menge!

Kind tut das.

Es machte ihm Freude. Das sah man an seinem Gesicht.

Kind zeigt das.

Aber dann dachte er: Es ist noch immer nicht genug. Und er hatte eine neue Idee: Er nahm den anderen noch mehr Gold ab, wieder jedem ein Stück.

Kind tut das.

Und wieder konnte sich keiner wehren. Denn die Herren der Stadt, die Römer, fanden das gut. Aber die Leute von Jericho ... man sieht es an ihren Gesichtern, man sieht es an ihrer Haltung ...

Kinder schauen und sitzen entsprechend.

Und Zachäus? Wieder ließ er sein Gold durch die Finger rieseln.

Kind tut das.

Aber irgendwie ... Irgendwie ... war es nicht genug ... Und noch einmal machte er sich auf, um Zoll einzusammeln ...

Kind tut das.

Die Leute von Jericho schauten ihn nicht mehr an. Einige waren so zornig, dass sie fast platzten. Andere fingen an zu weinen. Sie hatten ja gar nichts mehr. Anklagend zeigten sie ihre leeren Hände ...

Kinder tun das.

Zachäus aber ging heim und wollte sein Geld zählen. Er konnte es nicht mehr. Es war zu viel. Er wollte es durch die Finger rieseln lassen. Aber es machte nicht mehr so viel Freude ... Zachäus wunderte sich ... So viel Gold – und keine Freude? An seiner Haltung konnte man es sehen: Er war nicht mehr froh ...

Kind zeigt das.

Als Zachäus da so saß, mit seinem Haufen Gold – da hörte er draußen aufgeregte Stimmen: »Ein Fest! Ein großer Freudentag! Kommt und seht: Jesus kommt in die Stadt! Der Erzähler, der Heiler. Gott-bei-den-Menschen! Kommt und seht und lasst uns fröhlich sein!« Die Leute von Jericho standen auf und jubelten und tanzten ...

Kinder tun das.

Zachäus horchte auf. »Ein Heiler?«, murmelte er. »Einer wie Gott? Wer ist das? Den muss ich sehen!« Und er stand auf und wollte sich zu den Leuten von Jericho stellen.

Kind tut das.

Aber die Leute von Jericho drehten sich weg. Sie drehten ihm den Rücken zu. Sie jubelten zum Tor hin, zum Eingang der Stadt. Aber Zachäus – konnte nichts sehen. Ratlos stand er da, traurig ... Das konnte man sehen ...

Kind tut das.

Das heißt: Das hätte man sehen können – wenn man ihn angeschaut hätte. Aber niemand schaute ihn an. Keiner wollte ihn anschauen. Sie schauten aber zum Tor.

Kinder stehen mit dem Rücken zu »Zachäus«, Blick zur Tür; werden still.

Da hatte Zachäus eine Idee: Er stieg auf einen Maulbeerbaum.

Kind tut das (Stuhl hinrücken).

So konnte er über die Leute von Jericho drüber weg schauen.

Kind tut das.

Da kam ein Mann, zu Fuß, in einfachen Kleidern. Sie schauten ihn an und wurden ganz still. Sie machten eine Gasse für ihn frei.

Kinder tun das – für den Unsichtbaren.

Der Mann sah sie an und lächelte. Er berührte den einen am Arm, den anderen an der Schulter. Bei den Kindern blieb er stehen und legte ihnen die Hand auf den Kopf ... So ...

M tut das.

Und dann – ja, und dann kam der Mann zu dem Baum, auf dem Zachäus hockte. Er war ganz hinter Blättern verborgen. Und der Mann blieb stehen und schaute hinauf. Die Leute von Jericho wunderten sich. Das konnte man sehen und hören ...

Kinder stoßen sich an, murmeln, reckten die Hälse ...

Da sagte der Mann: »Zachäus! Komm runter! Ich will mit dir feiern!« Und Zachäus ... der wankte. Der war so überrascht, dass er fast vom Baum gefallen wäre! Aber er hielt sich fest. Überlegte kurz – und dann sprang er. Direkt vor die Füße des fremden Mannes.

Kind tut das.

Und der Mann legte Zachäus den Arm um die Schultern und ging mit Zachäus in sein Haus. Die Leute von Jericho schauten den beiden nach. Sie wunderten sich noch mehr. Und einige wurden böse ... Das konnte man sehen und man konnte hören, was sie sagten.

Kinder tun das.

Aber dann kam Zachäus wieder heraus. Er war voller Freude. Sein Gesicht strahlte. Das konnte man sehen.

Kind zeigt das.

Und er nahm sein Gold – so viel er tragen konnte.

Kind tut das.

Und er kletterte noch mal auf den Baum. Und dann warf er das Gold
unter die Leute – erst das, was er ihnen abgenommen hatte. Und dann
auch noch sein eigenes. Bis er am Ende nur noch drei Taler übrig hatte.
Und er strahlte. Strahlte vor lauter Freude.

Kind tut das.

Und die Leute von Jericho? – Die auch! Sie sammelten das Gold und
setzten sich wieder. Und dann feierten sie gemeinsam das Fest, das Jesus, der Gott-bei-den-Menschen, ihnen beschert hatte.

Kinder tun das; wer will, kann einen Taler essen …

Kurze Feedback-Runde: Wie war das? Wie hat es sich angefühlt? Was
hast du als »Zuschauer« in Jericho erlebt? Was hast du als »Zachäus« erlebt? Was war für dich das Wichtigste?

Abschluss

Im Anschluss an das Mitmachspiel, das in diesem Entwurf das vertiefende Gespräch ersetzt, kommt der Hirtenstab zum Einsatz:

Hinführung des/der Mitarbeitenden: »Also, Leute, dass Früchte auf Bäumen wachsen, das weiß ich ja. Und wenn man den Baum schüttelt, fallen sie runter. Aber was meinem Freund Jesus da vor die Füße gefallen ist … Aber ich beginne wohl besser von vorn …«

M5 Gebet

Gott-bei-uns-Menschen, wir danken dir,
denn du bist freundlich,
denn deine Güte hat kein Ende.

Du allein tust Wunder,
denn deine Güte hat kein Ende.
Du hast Kranke gesund gemacht,
denn deine Güte hat kein Ende.
Du hast Schwache stark gemacht
denn deine Güte hat kein Ende.

Du hast Arme reich gemacht,
denn deine Güte hat kein Ende.
Du hast Kleine groß gemacht,
denn deine Güte hat kein Ende.

Gib uns Menschen, was wir brauchen.
denn deine Güte hat kein Ende.
Was wir wirklich brauchen,
denn deine Güte hat kein Ende.
Erlöse uns von falscher Gier,
denn deine Güte hat kein Ende.

Gott-bei-uns-Menschen, wir danken dir,
denn du bist freundlich,
denn deine Güte hat kein Ende.

7 PETRUS SIEHT EIN BILD VON GOTT
(Verlorener Sohn)

 Einmal erzählte Frau Bibelwitz uns vom gütigen Vater. Das war, als Papa mit Niklas zum Fußball gewesen war, nur mit Niklas, und ich deswegen schmollte. »Du magst doch keinen Fußball«, erinnerte mich Frau Bibelwitz. »Trotzdem!«, maulte ich.

Ein Mensch hatte zwei Söhne. Der jüngere der beiden träumte von Abenteuern und fremden Ländern. Der ältere war gern zu Haus. »Ich will weg, Vater, gib mir Geld«, sagte der Jüngere zu seinem Vater. Da gab ihm der Vater, was er für den Jungen gespart hatte. Und der Junge ging auf Reisen. Zwei Jahre lang hörten sie nichts von ihm. Es kam nicht einmal eine Ansichtskarte. Das Leben zu Hause ging seinen Gang. Den Vater aber sah man kaum noch lachen. Dann, als das dritte Jahr begonnen hatte, da blickte der Vater auf – und sah in der Ferne eine traurige Gestalt. Langsam und gebeugt kam sie näher. Ganz plötzlich lief der Vater los. Und rannte mit ausgebreiteten Armen. Rannte geradewegs auf die Jammergestalt zu. Und schloss sie in die Arme. »Mein Sohn! O mein Sohn!«, rief er laut.

Als Stunden später der ältere Sohn von der Arbeit nach Hause kam, klang ihm Musik entgegen, der fröhliche Lärm eines Festes. »Was feiert denn mein Vater?«, fragte er einen Knecht. »Dein Bruder ist wieder da«, antwortete der Diener. »Dein Vater ist sehr froh.« »Mein Bruder?«, fragte der Ältere. »Er hat wohl alles verloren«, sagte der Diener. Der ältere Sohn blieb draußen vor der Tür und schmollte. Am Ende kam sein Vater. Mein Sohn«, sagte er, »warum kommst du nicht herein? Feiere mit uns!« »Was gibt es da zu feiern?«, maulte der ältere Sohn. »Mein Sohn«, sagte der Vater: »Ich hatte einen Sohn verloren. Jetzt ist er wieder da. Kannst du nicht froh darüber sein mit mir?«

 »Find ich ungerecht«, sagte ausgerechnet Niklas. »Den Vater?«, fragte Frau Bibelwitz. Wir nickten beide. »Jesus hat dieses Gleichnis erzählt«, sagte Frau Bibelwitz. »Er sagte: So wie dieser Vater, so ist GOTT.« Ich ahnte es schon: Mose wachte auf. »Wie dieser Vater?«, fragte ich. »Nur hundertmal geduldiger«, sprach Mose.

Einfall

Sich mitfreuen können – warum nur tun wir uns damit so schwer? Es geht hier nicht darum, selbst zu verzichten, zurückzustehen, gar etwas zu opfern. Es geht lediglich darum, ein Gerechtigkeitsempfinden zu überwinden, das uns einredet: Der andere soll, was er sich nicht verdient hat, auch nicht bekommen. Beziehungsweise: Er soll bekommen, was er verdient. Und zwar ordentlich!

Wenn der Papa sich Zeit für den Bruder nimmt – geht sie mir ab? Wenn der Klassenkamerad mit einem blauen Auge davonkommt, wo eine Bestrafung zu erwarten gewesen wäre – was tut das mir? Menschen haben oft Freude an »Opfern« – Gott aber an der Liebe (Hosea 6,6). Das ist immer wieder wahnsinnig schwer. Immer wieder hat Jesus versucht, uns das beizubringen.

Überlegungen zum Bibeltext

Die Gleichnisgeschichten, die Jesus erzählt, gehen nicht in einem einfachen Vergleich auf: Weder ist das Himmelreich ganz und gar wie ein Samenkorn, wie ein Schatz oder eine Perle noch sind der König, der Weinbergbesitzer, der Richter oder der Vater, von denen Jesus erzählt, einfach Gott. Sondern in einer besonderen Weise ihres Handelns agieren sie *ungefähr wie Gott* – nur dass Gott jenseits aller Vergleichbarkeit immer zugleich der Einzigartige ist.

Wenn wir hier im Sondergut des Lukas vom gütigen Vater lesen, der den untreuen Sohn mit offenen Armen empfängt, so ist diese Barmherzigkeit das, was Jesus auf Gott übertragen wissen will: Wenn Totes wieder lebendig wird (»Dieser mein Sohn war tot und ist wieder lebendig geworden«), dann kann es nur eines geben: helle Freude!

Dabei kommt es weder auf das Schuldbekenntnis an, das der rückkehrende Sohn sich zurechtgelegt hat, noch auf die Tatsache, dass das Erbe verspielt ist – darüber kann man später noch reden; das, was hier zu entdecken ist, ist allein dies: Gott will das Leben, nicht den Tod.

Die zweite, bittere Pointe der Geschichte ist die: Allzu selten gelingt es Menschen, dies ebenso zu empfinden und anzunehmen (vgl. das zu »Zachäus« Gesagte). So endet auch diese Geschichte einer Rettung – wie die der Rettung Ninives durch Jona – mit der werbenden Anrede Gottes: »Freu dich mit mir – kannst du das nicht?«

 ## Die elementare Geschichte

Frau Bibelwitz interessiert sich gerade für diese zweite Pointe. Sie weiß, dass die Kinder auf der Seite des älteren Sohnes stehen werden – und sie will absichtlich provozieren: Jesus ist auf der Seite des Vaters. »Was ihr für ungerecht haltet«, sagt er, »das entspricht der Handlungsweise eures Vaters im Himmel.«

 ## Entscheidungen

Sich mitfreuen können – das wollen wir in diesem Gottes üben und praktizieren. Natürlich dürfen die Kinder sich im Anschluss an die Erzählung zunächst über die »Ungerechtigkeit« empören. Sie sind ja gerade dabei zu lernen bzw. haben gelernt, Regeln zu respektieren und die Konsequenzen ihrer Taten einzuschätzen. Wenn sie Mist bauen, hat das Folgen. Das ordnet und erleichtert das Zusammenleben.

Dann aber wechseln wir die Perspektive: Wie sich das anfühlt, zu suchen und zu finden, verloren zu sein und gefunden zu werden, das probieren wir aus. Und feiern anschließend ein Wiedersehensfest.

Ablauf

Geschehen	Inhalt	Material
Ankommen	Lied, Psalm 23	LH 20, KG 185 M1
Einstimmen	Schatzsuche	M2
Hören	Einmal erzählte …	
Vertiefen und Aneignen	Gespräch Spiel und Imagination Nacherzählung Freudenfest (M5)	M3 M4 M3 LH 238, M5
Weitergehen	Lied, Gebet, Segen	LH 224, M6

M1 Gott ist mein Hirte (nach Psalm 23)

Gott ist wie ein Hirte,
der seine Tiere gut versorgt.
Er bringt sie auf die grüne Weide,
er führt sie zum frischen Wasser.

Gott ist wie ein Hirte,
der seine Tiere gut versorgt.
Er kennt sie und ruft sie beim Namen.
Er lässt sie nicht verloren gehen.

Gott ist wie ein Hirte,
der seine Menschen gut versorgt.
Er kennt sie und ruft sie beim Namen.
Er lässt sie nicht verloren gehen.

Gott ist mein Hirte,
der mich versorgt.
Er kennt mich und ruft mich beim Namen.
Er lässt mich nicht verloren gehen.

M2 Schatzsuche

Die Mitarbeitenden haben vorher einen Schatz verpackt und versteckt. Der Weg dorthin ist mit Kirche-mit-Kindern-Logos und Pfeilen markiert. Die Kinder suchen gemeinsam. Der Schatz ist ein in Packpapier eingewickelter und verzierter Karton mit allerlei Essbarem für das Freudenfest (M5). – Die Kinder bergen den Schatz und bringen ihn mit in den Gottesdienstraum. Dort steht er an exponierter Stelle, bis er später ausgepackt werden darf.

Gespräch / Nacherzählung

Nach dem Hören der Geschichte äußern die Kinder ihre spontanen Eindrücke. Vermutlich geben sie Gesa und Niklas recht: Die freundliche Aufnahme des heimkehrenden Sohnes sei nicht nur überraschend, sondern unfair. Es ist wichtig, dass zunächst so stehen zu lassen. Erst wenn die erste Empörung abgeklungen ist, ergibt sich die Frage: Wieso sagt Jesus, so wie dieser Vater handle Gott? Lösungsversuch: Es geht hier gar nicht ums »Mist bauen« und »Strafe«; es geht ums Verlorensein und Wiedergefunden werden. – Schauen wir uns doch einmal mit einem anderen Blick auf die Geschichte ... (als Überleitung zum Verstecken Spielen und anschließender Imaginationsübung M4)

 ## Abschluss

Nach M4 kommt der Hirtenstab an die Reihe. Hinführung durch Mitarbeitende/n etwa so:

»He, Leute, da musste ich mich schon sehr wundern. Was Jesus da erzählt hat ...«

Suchspiel und Imagination

Zuerst spielen die Kinder nach gewohntem Prozedere »Verstecken«. Drei Kinder verstecken sich. Die Finder werden anschließend geehrt: Gold-, Silber-, Bronzemedaille. Im Nachgespräch wird deutlich: Finden macht Freude!

Überleitung: »Vielleicht verstehen wir den Vater / Gott jetzt ein wenig besser ...«

In Kleingruppen: Jede Gruppe erhält eine große leere Sprechblase aus Pappe. Wenn wir Gott fragen: »Warum handelst du so wie dieser Vater?« – Was antwortet Gott?

M5 Ein Freudenfest

Picknickdecke, Krug, Saft, Becher; Inhalt des »Schatzes«, Musik (erst ruhige, dann solche, die zum freien Tanzen verlockt).

ABLAUF

»Was ist das für eine Freude! Etwas war verloren – dann ist es wieder da! Einer war (wie) tot – und dann lebt er wieder! Wir haben es selbst erlebt. Darum wollen wir feiern!«

Picknickdecke ausbreiten. Saft und Becher bereitstellen. Den Schatz mitten auf die Decke.

Die Kinder setzen sich. Der Schatz wird feierlich geöffnet. Die Kinder teilen, was sie finden. Regel: Keines nimmt sich selbst, sondern jedes gibt einem anderen.

Zeit zum Essen und Tanzen. Wenn der Schatz verzehrt ist und die Musik endet – Lied, Gebet (M6) und Segen.

M6 Gebet

Gott-im-Himmel,
du bist ein guter Hirte.
Lass deine Erde nicht verloren gehen.
Lass deine Tiere nicht verloren gehen.
Lass deine Menschen nicht verloren gehen.

Gott-bei-den-Menschen,
sei ein guter Hirte.
Du kennst uns.
Nimm uns wieder auf, wenn wir weggelaufen sind.
Wir bitten: Lass uns nicht verloren gehen.

Gott-in-den-Herzen,
mach uns Mut.
Mach uns zu guten Hirten.
Dass wir den andern Gutes gönnen
und miteinander feiern, wo wir deine Güte spüren.

8 PETRUS UND DAS MASS DER LIEBE
(Barmherziger Samaritaner)

 Einmal erzählte Frau Bibelwitz uns vom barmherzigen Samariter. Das war, als sie sich den Fuß verstaucht hatte und trotzdem niemand für sie aufgestanden war im Bus. Da war sie richtig sauer. Sie sagte, sie wünschte sich einen Samariter. »Ist das was zu essen?«, fragte Niklas. Ich sah: Er wollte es holen. Frau Bibelwitz lachte und sagte: »Nein – du.«

Ein Mensch reiste von Jerusalem nach Jericho. Das ist ein weiter, einsamer Weg. Unterwegs überfielen ihn Räuber. Sie nahmen ihm alles weg, was er hatte, sogar seine Kleider. Und sie schlugen ihn, obwohl er sich gar nicht wehrte. Dann nahmen sie seinen Esel. Den Mann ließen sie liegen, einfach so, schwer verletzt, in der heißen Sonne.

Der Mensch hatte Schmerzen. Er konnte sich nicht rühren. Er hatte Durst. Und keinen Tropfen Wasser. Und siehe: Ein Nachbar kam vorbei, ein Priester aus Jerusalem. *Jetzt wird es gut.* Er aber sah den Mann und ging rasch weiter.

Der Mensch wollte schreien. Aber sein Mund war zu trocken. Es kam nichts als ein kleiner Schnaufer. Und siehe: Wieder kam ein Nachbar! Der Diener eines Priesters, dieses Mal, er sang ein Lied. *Jetzt aber – wird es gut.* Er aber sah den Mann und ging rasch weiter.

Dem Menschen wurde es schwarz vor Augen. Er fühlte schon sein Ende. Und da, den Dritten – den sah er gar nicht an. Ein Fremder aus Samaria – *der wird ja nie und nimmer helfen.* Der Mensch wandte sich ab.

»Kann ich dir helfen?«, fragte plötzlich eine Stimme. »Du armer, armer Mensch! Was hat man dir getan?« Der Samariter holte Wasser, Öl und Wein aus seinem Packen. Er ließ ihn trinken. Er wusch und verband seine Wunden. »Man hat mich einfach liegen gelassen«, murmelte der Mann.

 »Find ich fies«, sagte ich. »Die Männer?«, fragte Frau Bibelwitz. Wir nickten beide heftig. »Wie die Leute im Bus«, fügte Niklas noch hinzu. »Jesus hat diese Geschichte erzählt«, sagte Frau Bibelwitz. »Er sagte: So ein barmherziger Samariter ist ganz nach Gottes Herzen.« »Eigentlich«, sagte ich, »ist das kinderleicht.« Und Mose gähnte mit geschlossenen Augen.

Einfall

Nicht Fehler tadeln, sondern gute Ansätze loben! – »Positiv verstärken!« Das ist einer der Grundsätze moderner Pädagogik. Und gerade so wollen wir die Geschichte erzählen: Das, was der Samariter im Gleichnis tut, das kann eigentlich jeder. (So wie auch aufstehen im Bus für eine Frau, die Mühe hat zu stehen.) Und schon hätte man Anteil an einer wunderbaren Eigenschaft Gottes, der Barmherzigkeit. Ist das nicht ein unwiderstehliches Angebot?

 Überlegungen zum Bibeltext

Die Beispielerzählung aus dem Sondergut des Lukas ist oft durch die Akzentverschiebung aufgefallen, die im Laufe des Erzählens fast unmerklich vorgenommen wird. Geht es zunächst um das Maß der Liebe, die ich zu schenken habe, so geht es am Ende um die Liebe, die ich brauche. Gefragt ist hier nicht eine Richtschnur. Gefragt bin ich, Acht zu geben und mitzufühlen. Und dann, ganz selbstverständlich, zu tun, was zu tun ist. »By heart«, auswendig sollen wir lieben. Da hilft keine Gebrauchsanleitung.

Die elementare Geschichte

Frau Bibelwitz ersetzt die theoretische Frage nach dem Maß der Liebe, die Jesus mit dem Schriftgelehrten erörtert, durch die eigene Erfahrung. Sie hat sich nicht geliebt gefühlt, stehen gelassen, da in dem voll besetzten Bus. Ich wurde liegen gelassen, sagt der Verletzte im Gleichnis. Beides ist lieblos.

Die Kinder verstehen leicht, worum es geht. Aber eines fehlt ihnen noch: Sie lassen sich leicht verleiten, sich zuerst über das Versagen anderer aufzuregen. Anstatt den zu loben, der das Rechte tut. Und gut.

Entscheidungen

So wie die Erzählung in besonderer Weise die Barmherzigkeit, die rettende Zuwendung in den Mittelpunkt stellt, so soll es auch im Ganzen des Gottesdienstes darum gehen, liebevoll miteinander umzugehen: im gemeinsamen Spielen, im Gestalten und in der Fantasie, anderen zu helfen.

Ablauf

Geschehen	Inhalt	Material
Ankommen	Begrüßung, Lied, Erzählrunde	LH 201
Einstimmen	Spiel-Lied und Rätsel lösen	M1, KG 185
Hören und erleben	Figuren-Spiel	M2
Gespräch	Eintauchen in die Geschichte	M3
Vertiefen	Gruppenarbeit (M4), Aktion (M5)	LH 423 M4 M5
Weitergehen	Gebet, Lied, Segen	LH 237

Spiel-Lied und Rätsel

LIED

Zum Lied „Kommt alle her, hallihallo" (KG 185) bilden die Kinder einen Kreis. Gesungen werden alle Strophen, die entsprechenden Bewegungen werden ausgeführt:

- Klatschen
- Stampfen
- Hochspringen
- Alles zusammen

Im zweiten Durchgang wird jeweils der zweite Teil der Strophe zweimal gesungen: Einmal macht ein Kind die Bewegung vor, beim zweiten Mal machen es alle nach.

Das Lied kann durch weitere Bewegungen ergänzt werden: „dreht euch herum", „geht in die Knie", „hüpft nur auf rechts", „hüpft nur auf links", „schüttelt den Kopf", „schwenkt ein Tuch" ...

SPIEL

Jedes Kind überlegt sich, was es gern tut (schwimmen, Rad fahren, Ball spielen, Teig kneten ...) und wie es das pantomimisch darstellen kann.

Wer will, macht die Bewegung im Kreis vor. Dabei geht es zu einem anderen Kind und nickt ihm zu. Das Kind steht auf und macht mit.

Anschließend ist es selbst an der Reihe: Macht seine Bewegung vor und lädt ein weiteres Kind ein, mitzumachen.

Zwischen den einzelnen Aktivitäten können immer wieder die ersten beiden Verse des Liedes gesungen werden.

RÄTSEL LÖSEN

Überleitung: Es ist oft schöner, zu zweit oder mit mehreren zu schwimmen, zu tanzen, zu spielen und was ihr eben noch alles miteinander getan habt. Wenn wir irgendwelche Aufgaben erfüllen müssen und schaffen es nicht gut allein, sind wir auch froh, wenn jemand kommt und dabei hilft. Probiert darum immer zu zweit oder zu dritt, ein paar Aufgaben zu lösen, die ich mitgebracht habe. Für die Älteren sind das ein paar Rätselaufgaben. Für die Jüngeren ist es ein Rätsel-Bild. Wenn ihr nicht weiter wisst, fragt uns um Hilfe.

RÄTSEL FÜR DIE ÄLTEREN KINDER

a) Was geht übers Wasser und wird nicht nass?
b) Was ist fertig und wird doch jeden Tag gemacht?
c) Es hat viele Häute und beißt alle Leute.
d) Es geht und geht und kommt doch nicht von der Stelle.
e) Welcher Hut passt auf keinen Kopf?
f) Welche Mühle hat keinen Bach?
g) Wer hat einen Kamm und kämmt sich nicht?
h) Welcher Baum hat keine Wurzeln?
i) Wie kann man Wasser in einem Sieb tragen?
j) Was hat vier Beine und kann nicht laufen?

Lösungen: a) Brücke; b) Bett; c) Zwiebel; d)Uhr; e) Fingerhut; f) Kaffeemühle; g) Hahn; h) Purzelbaum; i)gefroren; j)Tisch

BILDER-RÄTSEL FÜR JÜNGERE

von Marie Braner findet sich beim digitalen Zusatzmaterial: 10 Unterschiede sind zu finden.

Geschichte mit Figuren erzählen

Baumwoll- und Chiffontücher in Grau- und Gelbtönen, Steine, Kartons (evtl. zu Bergen gestalten, indem Tücher darüber gelegt werden), Figuren (Räuber und Räuberinnen, der Verletzte, die drei Vorübergehenden).

Ansage: Zum Erzählen einer Geschichte brauchen wir eine Weg-Landschaft. Nehmt euch von dem Material und baut diese Landschaft: Der Weg ist sehr lang. Er führt durch eine trockene Wüstenlandschaft, er führt über Berge und durch Schluchten.

Sind die Kinder fertig, gruppieren sie sich um die Landschaft, so dass sie gut sehen können.

Eine Mitarbeiterin erzählt Frau Bibelwitz' Geschichte, eine oder mehrere andere spielen mit den Figuren dazu. Ein Gong- oder Klangschalenton eröffnet und beendet die Geschichte.

Gesprächsimpulse

- Stell dir vor, du bist einer der Männer, die weitergehen, ohne zu helfen? Was fühlst du? Was denkst du?
- Stell dir vor, du bist der Verletzte: Was fühlst du? Was denkst du, als die beiden ersten Männer vorbeigehen, ohne zu helfen?
- Stell dir vor, du bist der Fremde aus Samaria, der hilft: Was fühlst du und was denkst du, als du den Verletzten siehst?
- Stell dir vor, du bist der Verletzte: Was fühlst du? Was denkst du, als der Fremde aus Samaria bleibt und hilft?
- Wo ist Gott in der Geschichte?
- Kann Gott nicht selbst helfen? Braucht er dich dafür?

Zum Abschluss

Bevor wir den Schauplatz des Erzählens verlassen, kommt der Hirtenstab ins Spiel. Ein/e Mitarbeitende/r nimmt ihn und beginnt, z. B.:

> »Heute hat Jesus erzählt, wie wir sein sollen. Barmherzig sollen wir sein. Er sagte: Stell dir vor …«

Ein Kind übernimmt, dann weitere.

Gruppenarbeit: Figuren-Geschichten und Rollenspiele

DIE ÄLTEREN KINDER

… teilen sich in Gruppen zu zweit, zu dritt oder viert auf und überlegen sich Mini-Rollenspiele zum Thema: »Als ich mal Hilfe brauchte.« Sie können Selbst-Erlebtes einbringen oder ihrer Fantasie freien Lauf lassen.

DIE JÜNGEREN KINDER

… teilen sich in Gruppen zu zweit, dritt oder viert auf, suchen sich Figuren aus (reichlich Figuren dabei haben!) und überlegen sich kurze Spielszenen zum Thema: »Jemand braucht Hilfe. Wer hilft wie?« Bevor es ans Einüben geht, bespricht eine Mitarbeiterin mit ihnen ihre Einfälle und die mögliche Umsetzung.

Zuletzt zeigen die Kinder einander ihre Rollenspiele und Figuren-Geschichten.

 ## Aktion

Ein/e Mitarbeiter/in erzählt von einer Frau oder einem Mann aus der Gemeinde, die/der nicht mehr zur Kirche gehen kann wegen Krankheit/Alter, die/der die Gottesdienste aber vermisst. Wie können wir helfen?

Die Kinder sammeln Ideen. Vielleicht:

- Ein Bild malen und einen Brief dazu schreiben.
- Ihn/sie gemeinsam besuchen und ein Lied singen
- Kekse packen und die Geschichte vom barmherzigen Samariter erzählen oder vorspielen.

Wenn ein Kindergottesdienst-Ausflug gar nicht möglich ist, können die Kinder für den Mann/die Frau etwas basteln/backen und eine Mitarbeiterin als Botin senden.

9 PETRUS ENTDECKT EIN GEHEIMNIS
(Verklärung)

 Einmal erzählte uns Frau Bibelwitz einen seltsamen Traum. Das war, als ich in der Schule ein Traumbild gemalt hatte: »mein wahres Ich«. Ich hatte mich älter gemalt und schöner und mit einem Ärztinnenkittel. Niklas lachte sich kaputt. »Meine Lehrerin fand es gut«, verteidigte ich mich.

Jesus hat seine anderen Jünger zurückgelassen. Nur Petrus und Andreas hat er mitgenommen. Und dann noch Johannes, den Sanften. Jesus geht voran wie immer. Die Jünger folgen schweigend. Sie steigen einen Berg hinauf. Da haben sie keine Luft zum Reden.

Erst am Mittag sind sie oben. »Und jetzt?«, fragt Andreas. Er sieht sich um. Er sieht nichts Besonderes. »Was wollen wir hier?« »Wartet auf mich«, sagt Jesus. »Ich will beten.« Und er geht ein paar Schritte zur Seite. Beten, auf dem Berg.

Petrus hat sich das schon gedacht. So ist das mit Jesus. Er betet. Er betet gern allein. Er geht dazu auf Berge. »Ob Gott ihn besser hört, wenn er auf Berge steigt?«, fragt Petrus seine Freunde. »Ich glaub, dass Gott ihn immer hört«, sagt der sanfte Johannes. »Gott-im-Himmel und Gott-bei-den-Menschen – Glaubst du nicht, sie sind verwandt?« Andreas lacht ihn an. »Hört, hört!«, ruft er. »Unser Johannes, der ist weise!« Petrus hört nicht mehr. Er hat dem Gott-bei-den-Menschen nachgesehen. Und er sieht ...

Jesus ist in Licht gehüllt. Und bei ihm sind zwei Männer in glänzenden Gewändern. Sie sprechen miteinander. Es ist ein schönes, ein friedliches Bild. Petrus wird im Herzen glücklich. Und er entdeckt ein Geheimnis: Gott-im-Himmel und Gott-bei-den-Menschen: Sie sind in Wahrheit derselbe. Petrus erkennt die beiden Männer. »Mose«, sagt er. »Und Elia.« Propheten vom Anfang, Gottes Männer. »Herr«, sagt Petrus zu Jesus. »Zu denen passt du besser als zu uns.«

Jesus spricht mit Mose und Elia. Er hat die Worte seines Freundes Petrus nicht gehört. Petrus krempelt seine Ärmel hoch. »Hier musst du bleiben, Herr«, sagt er. »Ich baue, wenn du willst, drei Hütten: für Mose, für Elia und für dich.« Er merkt nicht, dass er weint.

»Petrus! Petrus, wach auf!«, rufen Andreas und Johannes. »Wir wollen wieder runter.« Petrus reibt sich die Augen. Sie sind noch immer auf dem Berg. Andreas, Johannes und er. Und Jesus kommt gerade vom Beten. Allein und ohne Licht. »Ich habe wohl geträumt«, sagt Petrus.

»Habe ich geträumt, Herr?«, fragt er auf dem Rückweg Jesus. »Von Mose und Elia?«, fragt Jesus. Petrus schaut ihn an. »Das war ein Geheimnis, nicht wahr, Herr?« Jesus nickt. »Bewahre es in deinem Herzen, Petrus«, sagt er. »Ich werde es bewahren«, verspricht Petrus. Jesus legt ihm den Arm um die Schulter. »Petrus, es ist wahr: Ich passe zu Mose und Elia. Aber lieber, Petrus, lieber bin ich hier bei dir.«

»Hat er nun geträumt oder nicht?«, fragte Niklas ungeduldig. »Dann war's ein wahrer Traum«, meinte ich. »Wie Gesas«, sagte Frau Bibelwitz. Und Mose sagte: »Hundertmal wahrer.« Frau Bibelwitz schüttelte den Kopf. »Das kann man gar nicht wissen.«

Einfall

Jeder Mensch hat etwas Eigenes; etwas, das ihn bewegt und treibt, etwas, das ihn ganz besonders macht, etwas, das vielleicht verborgen ist und eines Tages durchbricht. Wenn er es zulässt. Wenn er es wagt und dazu steht. Vielleicht bedarf es anderer, die ihm Mut machen. Hier verbindet sich die christologische Geschichte mit der jedes Menschen: Wie in jedem Menschen, so steckt auch in Jesus ein Geheimnis. Jesu Geheimnis freilich ist, wenn es offenbar wird, Licht für alle.

Überlegungen zum Bibeltext

Die Geschichte von Jesu Verklärung wird im Berichtsstil erzählt. Als hätte einer dabei gestanden und protokolliert, womöglich auch fotografiert oder gefilmt: das Licht, Elia und Mose, die Stimme. Die Vokabeln »verklären« und »erscheinen« werden verwendet, als seien sie ebenso selbstverständlich wie »Licht« und »Schatten«. Heutigen Ohren tut das nicht gut. Es verhindert eine existenziellere Auseinandersetzung. Beim Nacherzählen ist daher ein Perspektivwechsel hilfreich:

Durch Petrus' Augen lässt sich gut sehen: wie der Freund, der HERR, zum Fremden wird, zum Heiligen, unerreichbar. Und wie diese Erfahrung zu denken gibt: Was, wenn ich dieses Freundes gar nicht würdig bin? Die Liebe sucht nicht das Ihre ... (1 Kor 13,5) – Petrus ist bereit, Jesus aufzugeben. Ihm eine bleibende Stätte zu bauen. Auf dem Berg.

Und dann ist es Jesus selbst, der dem ein Ende macht. Er vertraut sich Petrus an. »Ja, es ist wahr«, könnte er sagen, »ich bin nicht nur von dieser Welt. Du hast mein Geheimnis am Wickel. Aber, Petrus: Zwischen dir und mir ändert es nichts. Glaub mir, Petrus: Ich bin und bleibe dein Freund.«

So ist das mit Geheimnissen. Man kann sie teilen. Mit einem guten Freund. Die Freundschaft wächst. Und hält das aus. Ich finde, das ist eine Botschaft der Geschichte, die Kindern verständlich ist und ihnen weiterhelfen kann.

Die elementare Bibelgeschichte

Die Erzählung deutet behutsam an, dass Petrus Jesus in einer Gestalt sieht, in der er ihn nie zuvor gesehen hat. Er erkennt ihn in anderer Weise, er sieht selbst mit anderen Augen.

 ## Entscheidungen

Die Spiele und Aktionen, die hier vorgeschlagen sind, schlagen eine Brücke von der Lebenswirklichkeit der Kinder zur Geschichte. Im Vorschulalter werden die Kinder sich ihrer eigenen Identität bewusst. Sie nehmen sich selbst wahr und erleben die anderen Kinder als Gegenüber. Sie schlüpfen in Rollen, probieren sich aus und beginnen die Vielfalt der eigenen Persönlichkeit zu entdecken.

Die Spiele dienen der Fokussierung des Themas und der Anbahnung des Gesprächs. Das Gespräch ist an dieser Stelle unverzichtbar und sollte vorsichtige Impulse bieten, die die Kinder zum Philosophieren über das eigne Ich anregen. Damit kann sensibel das Verständnis angebahnt werden, dass Petrus etwas an Jesus entdeckt, was ihm zuvor noch unbekannt war.

Im Anschluss an die Erzählung wird das Motiv des Geheimnisses vertieft. Kinder schließen Freundschaften, sie beginnen sich an den Gleichaltrigen zu orientieren, teilen Freuden und Sorgen und tauschen Geheimnisse aus. Zugleich erleben sie, wie schwer es ist, ein Geheimnis zu bewahren. Welche Bedeutung es für den Einzelnen und für die Freundschaft bedeuten kann, wenn ein Geheimnis verraten wird, kann im Gespräch erarbeitet werden.

Der zerstörerische Aspekt der Geheimnisbewahrung, der aus den Debatten um die Kindeswohl-Gefährdung bekannt ist, findet hier keine Beachtung. Das sollte den Mitarbeitenden bewusst sein.

Ablauf

Geschehen	Inhalt	Material
Ankommen	Begrüßung, Lied, Psalm	LH 223 M1
Einstimmen	Werkstatt und Gespräch	M2
Hören	Einmal erzählte …	
Vertiefen und Weiterdenken	Gesprächsimpulse Aktion	M3 M4 KG 45
Weitergehen	Gebet, Lied, Segen	M5

Staunen muss ich (nach Psalm 27 / 93 / 100)

Staunen muss ich und mich wundern über Vieles in der Welt,
ist es doch so oft ganz anders, als ich es mir vorgestellt.

Guter Gott, ich habe keine Angst und mir ist nicht bange.
Du bist für mich wie ein Licht, wenn es finster ist.
Du bist für mich wie die Heilung, wenn alles kaputt gegangen ist.
Du bist die Kraft meines Lebens, vor wem sollte ich mich fürchten?
Guter Gott, du bist mein Licht und mein Heil.

Staunen muss ich ...

Guter Gott, du hast die Erde gemacht und alles, was darauf lebt.
Du bist für mich wie ein König, der über die Welt regiert.
Du bist für mich wie ein Erfinder,
der sich alles wunderbar ausgedacht hat.
Ich sehe dich in strahlendem Glanz, dein Mantel ist ganz aus Licht.
Guter Gott, ich staune und verstehe es kaum.

Staunen muss ich ...

Guter Gott, ich singe dir ein Lied.
Guter Gott, ich kann dich nicht sehen und doch weiß ich, du bist da.
Ich staune und ich wundere mich.
Guter Gott, ich kann dich nicht berühren
und doch weiß ich, du bist da.
Ich staune und ich wundere mich.
Guter Gott, ich singe ein Lied für dich.
Die Anderen staunen und wundern sich.

Staunen muss ich und mich wundern über Vieles in der Welt,
ist es doch so oft ganz anders, als ich es mir vorgestellt.

Werkstatt

Je nach Größe der Gruppe stehen mehrere große Spiegel aus Sicherheitsglas zur Verfügung. Zunächst können sich die Kinder vor dem Spiegel austoben und sich in Rollen und Bildern erproben. Anschließend treten sie einzeln vor den Spiegel, sie dürfen eine Rolle, eine Person spielen, sie dürfen Grimassen schneiden, sie dürfen frei erfinden, wie sie sich vor dem Spiegel zeigen wollen.

Im anschließenden Gespräch kann mit den Kindern über folgende Fragen (sie sollten auf das Spiegelspiel der Kinder bezogen sein) nachgedacht werden: Bist du das Kind, das wir vor uns sehen oder bist du das Kind im Spiegel? Bist du das fröhliche Kind, das mit den andern lacht, oder bist du das wütende Kind im Spiegel? Wer bist du? usw.

BILDERGALERIE

Vor dem Gottesdienst wurden die Kinder (oder deren Eltern) gebeten, unterschiedliche Fotos eines jeden Kindes zur Verfügung zu stellen. Es sollten Fotos sein, auf denen die Kinder sich anders zeigen, als sie in der Kindergruppe normalerweise bekannt sind. (Fotos aus einem anderen Lebensalter, z.B. als Säugling; Fotos, die das Kind in einer anderen Rolle zeigen, z.B. in einer Faschingsverkleidung; Fotos, die das Kind mit einer deutlichen Emotion zeigen, z.B. wütend, jubelnd, kämpfend) Alle Bilder wurden vor dem Kindergottesdienst als Ausstellung im Raum angebracht. Die Kinder wandern durch die Ausstellung und entdecken die eigenen Bilder und die der anderen Kinder. Wie beim ersten Vorschlag sollte sich ein Gespräch anschließen, das z.B. folgende Impulse enthalten kann: Wer bist du? Bist du das Baby mit dem Nuckel im Mund? Bist du ein großer Junge, der bald in die Schule gehen wird? Bist du ein Indianer oder bist du der Lucas, der hier vor uns steht?

SPIELIDEE 1 MEIN RECHTER PLATZ IST LEER

Alle Kinder sitzen im Kreis. Rechts neben einem Kind ist ein Platz frei. Dieses Kind darf sich auf den leeren Platz ein anderes Kind wünschen. »Mein rechter, rechter Platz ist leer, ich wünsche mir die/den … her.«

Für die nächste Spielrunde schlüpfen die Kinder in Wunschrollen: Bild-karten-Paare sind vorbereitet: Hänsel und Gretel, Petterson und Fin-dus, Donald und Daisy Duck, Prinz und Prinzessin … Jedes Kind er-hält eine Karte. Diesmal gilt es, den passenden Rollenpartner auf den leeren Platz zu wünschen. Das gerufene Kind muss auf dem Weg zum Partner die angenommene Rolle verkörpern (als Prinzessin »tänzeln«, als Findus wie eine Katze auf allen Vieren schleichen usw.).

SPIELIDEE 2 SCHATTENBURG

Die Kinder stellen sich an den Rand einer größeren Schattenfläche (z. B. Mauer- oder Hausschatten), die an eine sonnenbestrahlte freie Fläche angrenzt, und strecken Arme, Hände oder den Kopf (nur den Schat-ten!) aus der »Schattenburg« heraus. Ein »Fänger«, der vorher ausgelost wurde, liegt in der Sonne auf der Lauer und versucht, auf einen Schatten zu springen. Ein Spieler, der erwischt wurde, hilft beim Fangen.

GESPRÄCH

An beide Spielvorschläge sollte sich ein Gespräch anschließen, das wie-der die Frage »Wer bist du?« aufnimmt. Möchtest du gern Findus sein? Wie wäre das? Wer ist dein Schatten? Ist er »du«?

M3 Gesprächsimpulse

Oscar Brenifier, Jacques Desprès, Was, wenn es nur so aussieht, als wäre ich da?, Gabriel Verlag, Stuttgart 2011 (Empfehlung für ältere Kinder)

Dieses Buch lädt zum Nachdenken über Gegensätze ein. Das Buch geht davon aus, dass der Mensch ohne Gegensätze nicht denken kann. Zwei Gegensatzpaare, die im Buch vorgestellt werden, können Anregungen zum Nachdenken geben, die an das Grundthema der Verklärung Jesu anknüpfen und gleichzeitig darüber hinausweisen.

Das Gegensatzpaar »Schein – Sein« gibt Impulse zum Nachdenken über: Was macht das Sein eines Lebewesens, eines Menschen aus? Spiegelt die äußere Erscheinung das wirkliche Sein wider? Kann der Schein trügen? Woher weiß ein Mensch, wer er wirklich ist?

Das Gegensatzpaar »subjektiv – objektiv« gibt Impulse zum Nachdenken über: Wovon ist es abhängig, wie ein Mensch bestimmte Dinge sieht? Führen verschiedene subjektive Wahrnehmungen zu einer objektiven? Ist etwas, nur deshalb, weil ein Mensch allein es so betrachtet, nicht wahr?

In der Geschichte der Verklärung Jesu klingen Motive an, über die es sich lohnt, weiter nachzudenken. Petrus erkennt Jesus in einer Weise, in der er ihn zuvor noch nie gesehen hat. Ist das, was Petrus sieht, »Schein« oder erkennt er Jesus in seinem wahren Sein? Oder sind beide Formen des Seins wahr und wirklich? Und ist das, was Petrus erkennt, objektiv und in diesem Sinne wahr? Oder ist die Erkenntnis zu der Petrus gelangt, subjektiv, und zwar so lange, bis das Geheimnis Jesu auch anderen offenbar wird?

Gestützt durch die Illustrationen des Buches können Kinder auf diese Weise zum Philosophieren und Theologisieren angeregt werden.

Zum Abschluss

Diesmal hat Petrus wohl besonders viel zu erzählen. Ein/e Mitarbeitende/r nimmt den Stab und beginnt, z. B.:

»Ich bin mir nicht sicher, was ich erlebt habe. Ich bin mir nur sicher, dass Jesus mich versteht. Aber von vorn. Also, Jesus, der wollte auf einen Berg ...« Ein Kind übernimmt, dann weitere ...

M4 Aktion

Für jedes Kind ist ein kleine Behältnis (kleine Faltschachtel aus Papier, beklebte Streichholzschachtel, Innenleben eine Überraschungs-Eis o. ä.), das in die Hosentasche eine Kindes passt, vorbereitet. Jedes Kind erhält nun Papier und Stifte. Aufgabe: »Male dich, wie du gern sein würdest!« Jede/r versteckt das Bild in der kleinen Schachtel. Das Geheimnis wird nur dem Partner / der Partnerin anvertraut (das ist der beste Freund / die beste Freundin in der Gruppe oder der Partner aus Spielidee 1).

GESPRÄCHSIMPULSE

- Kannst du ein Geheimnis für sich behalten? Wie schwer oder wie leicht ist das? Was ist, wenn es verraten wird? Und wenn das Geheimnis etwas Gutes, etwas Schönes, etwas Bedeutendes für alle Anderen ist?
- Welches Geheimnis hat Petrus bekommen? Wird er über das Geheimnis nachdenken? Wird er es bewahren? Und wenn er es allen erzählt?

M5 Gebet

Guter Gott, ich staune und ich wundere mich.
Das Leben ist bunt und vielfältig.
Jeden Tag entdecke ich etwas Neues.
Jeden Tag kann ich mit anderen Augen sehen.

Guter Gott, ich staune und ich wundere mich.
Ich bin ein Mensch und zugleich steckt in mir ganz viel.
Ich bin eine fröhliche Prinzessin und ein wütender Löwe,
ich bin ein verrückter Radfahrer und eine neugierige Forscherin.
Jeden Tag entdecke ich eine neue Seite an mir.
Guter Gott, ich staune und ich wundere mich.
Du bist der Einzige und sehe dich in vielen Bildern.
Du bist wie eine Burg und wie ein Hirte,
du bist wie ein Schirm und wie das Licht.
Du bist da, du bist bei mir,
du bist Gott-bei-uns-Menschen.

Das ist wie ein Geheimnis –
wunderbar und doch kaum zu begreifen.

Einmal erzählte uns Frau Bibelwitz von den Grenzen der Treue. Das war, als Niklas von Pitt, seinem Freund, endgültig die Nase voll hatte. »Er war im Kino mit Elli«, erzählte er empört. »Und er hat mich nicht mal gefragt, ob ich mit will!« »Was hast du getan?«, fragte ich. »Ich habe seine Burg zerstört und ihm gesagt: Nie wieder …« Frau Bibelwitz probierte ihm den Schal an, an dem sie gerade strickte. »Nicht wahr«, sagte sie: »Das überlegst du dir noch mal.«

Die Leute, die Jesus nicht mögen, haben sich verbündet. Es sind einige Hüter der heiligen Schriften auf der einen Seite. Die denken: Jesus beleidigt Gott. Sie sehen nicht wie Petrus das Geheimnis: Dass Jesus selbst auch Gott ist. Auf der anderen Seite sind es Römer. Sie sorgen für Ruhe und Ordnung im Land. Sie denken: Jesus bringt alles durcheinander. Sie sagen: Unruhe ist verboten. Wir können ihn verhaften und bestrafen. Und so haben sie sich das gedacht: Wenn Jesus allein ist, nachts, wenn's keine Zeugen gibt, dann können wir ihn rasch verhaften. Am Tag darauf das Urteil. Schnell muss es gehen. Sonst helfen ihm womöglich seine Freunde.

Am Abend vor dem großen Fest sitzen Jesus und seine zwölf Jünger zusammen beim Abendmahl. Sie essen Brot und trinken Wein. Jesus ist der Anführer. Er bricht das Brot und dankt dafür und teilt es aus. Er füllt den Kelch und dankt dafür und lässt ihn kreisen. Auf einmal sagt er: »Dies ist das letzte Mahl, das wir gemeinsam essen. Aber immer, wenn ihr von nun an Brot brecht und den Kelch kreisen lasst, sollt ihr wissen, dass ich bei euch bin: mit meinem Herzen und mit meiner Kraft.« Die Jünger sind ganz still. Das letzte Mahl? Das letzte Mal? Wieso, warum? Sie wissen schon: Sie kriegen keine Antwort. Und Jesus – der geht beten. Nur Petrus und Andreas nimmt er mit. Und Johannes, den Sanften.

Zweimal in dieser Nacht kommt Petrus wieder, und beide Male allein. Beim ersten Mal ganz wild und aufgeregt. »Soldaten!«, schreit er. »Sie haben Jesus verhaftet! In Ketten haben sie ihn weggeschleppt!« »Und du? Und ihr?«, fragen die Jünger. »Was hast du getan?« »Ich hab ein Schwert genommen«, erzählt Petrus. »Und hab nach den Soldaten geschlagen.« »Echt?« Die Jünger staunen. Wie tapfer, Petrus! »Und dann?« Dann hat mich Jesus angeschaut«, sagt Petrus. »So nicht, Petrus«, hat er gesagt. »Nicht mit Gewalt.«

Beim zweiten Mal, als Petrus wiederkommt, ist es fast Morgen. Er ist den Soldaten heimlich gefolgt. Jetzt ist er wieder da. Und weint. »Sterben«, sagt er. »Sie haben ihn verhört. Und er muss sterben.« »Und du?«, fragen die Jünger. »Was hast du getan?« »Ich hab im Hof gesessen«, erzählt Petrus. »Ich hab gewartet. Was sollte ich denn tun?« Petrus sieht verzweifelt aus. »Und dann ist eine Frau gekommen. Sie hat gesagt: Du da – ich kenn dich, du bist Jesu Freund!« »Und du?«, fragen die Jünger. »Was hast du gesagt?« Petrus holt tief Luft. »Ich habe nein gesagt«, sagt er. »Dreimal. Und dann, dann bin ich weg …«

»Schöner Freund!«, rief Niklas. »Doofe Geschichte!«, sagte ich. Frau Bibelwitz schwieg. Und Mose – Mose kroch in ihren Schal und ließ sich nicht mehr sehen.

Einfall

Es ist so weit, was sich angekündigt hat, geschieht: Jesus wird verhaftet, verhört und verurteilt. Das ist – Gott sei Dank – fern der Erfahrungswelt unserer Kinder. Näher ist ihnen die Frage: Wie fühlen sich die Freunde angesichts des bevorstehenden Abschieds? Und wie verhalten sie sich in der Not? In der Person des Petrus (nach Johannes) sind alle Möglichkeiten gebündelt: Er schläft, er kämpft, er flieht. Kein schnelles Urteil wird ihm gerecht, sondern vielmehr tiefes Verstehen.

Überlegungen zum Bibeltext

Die Stationen der Passion Jesu hatten wohl schon eine feste Form gefunden, bevor die Evangelien verfasst wurden; so kommt es, dass auch Johannes, der »Außenseiter« neben den Synoptikern, in groben Zügen die gleiche Passionsgeschichte erzählt wie seine älteren Kollegen. Freilich zeichnet Johannes einen anderen Jesus als die Synoptiker – einen, der jederzeit Herr der Lage und ihr Motor ist. Johannes' Jesus weiß, was kommen wird und wie: die »Erhöhung am Kreuz«, ganz von Ostern her gedacht. Die Synoptiker erzählen es anders: In Getsemane bringt Jesus seine Angst vor Gott, entsetzt von der Bedrohung durch Folter und einen grausamen Tod. Vor Ostern ist Jesu Kreuz keineswegs ein Zeichen der Erhöhung. Sondern das, was es für jeden Menschen ist: Hölle. Da darf man zittern und zagen und zweifeln.

 ## Die elementare Geschichte

Frau Bibelwitz wird die menschliche Seite des bevorstehenden Schreckens nur mittelbar entfalten: in der Reaktion der Freunde. Interessanterweise ist es Johannes, der den Jünger, der bei der Verhaftung mit dem Schwert dreinschlägt, beim Namen nennt. Petrus – man möchte fast sagen: natürlich Petrus. Daraus ergibt sich ein interessantes Erzählmotiv für die Kinder: Derselbe Petrus, der hier so mutig erscheint, ist gleich darauf so hilflos – ein Zusammenhang, der es verbietet, Jesu bestem Freund einfach so die Freundschaft zu kündigen.

Wie Jesus, so ringt auch Petrus mit seiner Aufgabe und mit dem, was ihm zugemutet wird. Und wie Petrus ringt jeder Mensch um die Balance zwischen Wagemut für andere und Sorge um das Eigene. Dabei darf er Fehler machen und natürlich wird er sie bereuen. Und bleibt, wenn er will, weiter ein Freund, eine Freundin.

 ## Entscheidungen

Das Leiden und Sterben Jesu bildet den ernsten Hintergrund der Freundschaftsgeschichte. Es soll seinen Platz haben, indem die Gruppe gemeinsam Kreuzigungsbilder betrachtet und Eindrücke austauscht. Was drückt das Kreuz aus? Tod oder Leben? Elend oder Hoffnung? Der Heilandsruf (Mt 11,28–30) bildet den Übergang: *Kommt her zu mir, alle …* – Diese Einladung gilt auch für den weinenden Petrus. Die Kinder hören noch einmal, was er getan hat – und äußern, wie Gesa und Niklas ihre Eindrücke. Eine Petrusfigur (z. B. eine Egli-Figur) in niedergeschlagener Haltung bietet den Anlass, Briefe an Petrus zu schreiben. Er selbst bleibt stumm. Die Kinder sprechen Gebete.

 ## Ablauf

Geschehen	Inhalt	Material
Ankommen	Begrüßung, Lied, Psalm	LH 211 M1
Einstimmen	Rahmenerzählung: Niklas und Pitt; eigene Erfahrungen der Kinder	
Hören	Einmal erzählte Frau Bibelwitz …	
Vertiefen	Bilder und Heilandsruf Wiederholung der Erzählung Briefe an Petrus Gebete zur Passion	digitales Zusatzmaterial M2, M3
Weitergehen	Lied, Segen	LH 84 M4

M1 Ich bin ganz kaputt (nach Psalm 31)

Was ist geschehen, mein Gott?
Was habe ich getan?
Mein Herz ist schwer,
ich bin wie ein zerbrochenes Gefäß.

Gott, sei mir gnädig!
Gib mir neuen Mut.

Die, die früher meine Freunde waren,
schauen mich nicht mehr an.
Sie wenden die Blicke.
Sie flüstern hinter mir.
Sie wissen, was ich getan habe.
Sie wollen es nicht verzeihen.

Gott, sei mir gnädig.
Gib mir neue Kraft.

Was ist geschehen, mein Gott?
Ich habe Angst gehabt.
Ich hab an mich gedacht.
Ich habe einen Freund verraten.

Gott, sei mir gnädig.
Bitte, gib mir eine neue Chance:

Vielleicht kann ich es besser.

M2 Briefe an Petrus

Die Kinder haben die Wahl zwischen roten und grünen Zetteln. Tröstliches schreiben sie auf grünes Papier, Vorwurfsvolles auf das rote. Sie werden ermutigt, beide Farben zu verwenden. Die Briefe werden nicht vorgelesen oder besprochen. Das ist eine Sache zwischen Petrus und dem / der Schreiber/in.

Es gibt aber Hilfszettel. Da können die Kinder, die nicht gleich losschreiben mögen, nachschauen, was andere vor ihnen geschrieben haben:

Mann, Petrus, das mit dem Schwert war doch voll daneben. Hast du nicht gewusst, dass Jesus gegen Gewalt ist?

Eh, Petrus, das mit dem Schwert fand ich toll. Hätte ich auch gemacht, ihn da rauszuhauen!

Ach, Petrus, warum hast du gelogen? Wenn Jesus das gehört hat, ist er bestimmt traurig.

Mensch, Petrus, wein doch nicht. Weißt du, du hättest ihm sowieso nicht helfen können.

M3 Gebete zur Passion

MATERIAL UND VORBEREITUNG

In der Kirche. Auf dem Altar (sonst in der Mitte des Sitzkreises) steht eine große Schale mit Sand. Gebetskerzen für jedes Kind (und mehr).

Kurze Erklärung, wie es gemacht wird. »Wir haben eine ganz dunkle Geschichte von Jesus und Petrus gehört; wir sagen Gott, was wir heute fühlen und denken …«

Die Mitarbeitenden beginnen mit Gebetsrufen – dabei entzünden sie eine Kerze. Das Kind, das ergänzen will, nimmt die Kerze, geht damit zum Altar, sagt sein Gebet und steckt die Kerze in die Schale mit Sand.

Nach jedem Gebet stimmen alle einen Gebetsruf an.

GEBETSANFÄNGE

Gott im Himmel, ich bin traurig, dass Jesus sterben musste. Ich bitte dich …

Gott, Vater im Himmel, ich verstehe das nicht. Warum …

Lieber Gott, ich möchte gern ein guter Freund sein. …

Bist du nicht wie eine Mutter, Gott? Kannst du Petrus nicht trösten?

Oh Gott, gib mir heute Kraft …

M4 Segen

Der Herr, der Abraham gesegnet hat
und der Sara ein Kind schenkte,
der Herr, der den Hirtenjungen David groß machte
und Jesus von den Toten zurückrief –

er halte seine Hand über dir.
Er halte dich sanft in seiner Rechten.

Er schütze und bewahre dich vor allem Bösen
Und schenke dir Frieden.

11 PETRUS SCHLIESST DIE AUGEN
(Ostermorgen)

Zu Ostern brachte Frau Bibelwitz uns eine sehr hässliche Pflanze mit. Wie ein vertrockneter Seeigel sah sie aus, jedenfalls so tot, wie eine Pflanze nur sein kann. Graubraun und welk. »Gefällt mir nicht«, sagte Niklas. »Du wirst dich wundern«, sagte Frau Bibelwitz. Sie legte das Ding in eine Glasschale. Dann schüttete sie warmes Wasser drauf. »Die brauchst du nicht mehr gießen«, sagte ich. »Warte es ab«, sagte Frau Bibelwitz. Und dann erzählte sie uns wieder von Petrus.

Es ist am dritten Tag. Jesus ist tot, am Kreuz gestorben. Die Jünger haben sich verkrochen, hier und da im Verborgenen. Die ersten gehen schon nach Hause. Zurück in ihre Dörfer. Jesus ist tot und begraben. Da kommen Frauen angerannt, Johanna und Maria und noch eine Maria.

Sie stürzen in das Haus, wo Petrus und Andreas und noch ein paar andere sitzen. Fast reißen sie den Türvorhang ab. Dann lehnten sie sich an die Wand. Sie keuchen und schwitzen vom Rennen. »Er lebt!«, bringt die eine Maria hervor. Und die andere setzt hinzu: »Gott sei Dank!« Die Jünger starren sie an. »Was ist euch?«, fragt Andreas. »Seid ihr krank?« Aber Johanna schüttelt den Kopf. »Wir haben ihn gesehen«, sagt sie. »Jesus lebt!«

Und Maria erzählt der Reihe nach: wie sie zum Grab gegangen sind, wie sie es offen gefunden haben. Leer. Wie zwei Männer sie angesprochen haben: »Fürchtet euch nicht. Jesus ist nicht hier. Er ist auferstanden. Er lebt.« »Und dann haben wir ihn gesehen!«, wiederholt Johanna. »Er sagt, wir sollen euch holen!«, ruft Maria. »Er sagt, wir sollen wieder wandern.«

Die Jünger sehen sich an. Sie heben die Schultern. Da kann man nichts machen, heißt das. Müde bleiben sie sitzen. Nur Petrus nicht. Still macht sich Petrus auf den Weg. Zum Grab. Um nachzusehen.

Das Grab ist leer. Das ist nichts. Wie die Frauen sagen. Doch das kann viele Gründe haben. Petrus steht ganz still und schließt die Augen. Dann geht er langsam zurück.

»Aber das weiß doch jedes Kind!«, rief Niklas. »Dass Jesus wieder aufgestanden ist!« »Auferstanden«, verbesserte ich. »Auch gut«, sagte Niklas. »Beides.« Da traute ich mich, nachzufragen. »Du weißt es vom Erzählen«, sagte ich. »Aber kannst du es auch glauben?« Niklas überlegte. »Keine Ahnung, wie das früher war«, gab er zu. »Also, für mich jetzt – ist er so tot wie diese dumme Pflanze.« Auf dem Tisch stand die Schale mit Frau Bibelwitz' Pflanze. Niklas guckte gar nicht hin.

Da kriegte Mose, die Eidechse, so etwas wie einen Schluckauf. Er krächzte und schnaubte. »Seht doch!«, sagte Frau Bibelwitz – und wir sahen: Die komische Pflanze war grün und voller Leben. »Das darf doch nicht wahr sein!«, rief ich. »Doch«, sagte Mose.

Einfall

Die Auferstehung ist der Dreh- und Angelpunkt christlichen Glaubens. In immer neuen Bildern muss sie ausgemalt werden, damit sie das Staunen hervorruft, das ihr gebührt, und damit sie spürbar und erfahrbar wird als Stachel und Ansporn im eigenen Leben. Frau Bibelwitz versucht es mit einer »Rose von Jericho« – für Kinder durchaus ein neues und packendes Bild.

Überlegungen zum Bibeltext

Die Ostergeschichten der Evangelisten variieren – nicht in der Botschaft, wohl aber im Personal – eine, zwei oder drei Frauen am Grab (Maria, Maria, Salome, Johanna …), ein oder zwei Engel – sowie in der Wirkung: Stumme, kopflose Flucht hat Markus erzählt, seine Nachfolger favorisieren die Freude.

Die Frauen sind aktiv bei Lukas, aber die Jünger bleiben stumm. So wie später bei Johannes der Jünger Thomas: Was ich nicht sehe, das glaube ich nicht. Schon damals, als alles noch so nah war!

Petrus geht dann wenigstens hin zum leeren Grab und sieht es sich an. Er wundert sich, auch er bleibt stumm. Schon damals: Das leere Grab allein sagt nichts. Petrus fehlen die Engel – oder sein Herr, der ihm deutet, was er sieht. Mit dem Hören hat es bei Petrus angefangen. Und das Hören fehlt ihm jetzt.

Die elementare Geschichte

Frau Bibelwitz erzählt nach Lukas – wegen Petrus. Dass die Frauen den Auferstandenen *gesehen* haben, erzählt sie aus Matthäus mit dazu. So wird das Wunder der Auferstehung noch deutlicher: Sehen und weitererzählen – so fing es an. Aber nur, wer mit dem Herzen hört, wen es im Herzen trifft, kann es glauben.

Entscheidungen

Die Frau-Bibelwitz-Geschichte rahmt nicht nur die Petrus-Erzählung, sondern auch den Kindergottesdienst: Jericho-Rosen (im Internet oder bei Gemeinde-Verlagen zu beziehen) können – in warmes Wasser gelegt – im Verlauf des Gottesdienstes durchaus aufblühen. Nicht jedes Kind braucht eine, aber doch jede (Klein-)Gruppe. Der Gottesdienst spannt also einen sichtbaren Bogen von »tot« zu »lebendig«. Dazwischen werden die Kinder aktiv (die Verwandlung der Rose wird vorbereitet, auf die Verwandlung wird reagiert) – aber auch nachdenklich: Das Eigentliche der Auferstehung bleibt unverfügbar.

 ## Ablauf

Geschehen	Inhalt	Material
Ankommen	Begrüßung, Erzählgebet, Lied, Gebet	LH 209
Einstimmen	Spiel »Wüstenwind«	M1
Hören	Petrus schließt die Augen	
Bedenken	Meditation und Gespräch	M2
Gestalten	Spiel »Wir werden wieder wandern«	M3 LH 259
Weitergehen	Gebet, Lied, Segen	LH 230

Spiel »Wüstenwind«

Die Rose von Jericho wird in Israel vom Wind durch die Wüste ge-
blasen, bis es regnet oder sie an einer feuchten Stelle ankommt. Dort
»erblüht« sie.

Das Spiel braucht viel Platz. Jeweils mehrere Kinder sind für ihre Rose
von Jericho der »Wüstenwind« und blasen sie quer durch den Raum bis
zu einer Schale, in der warmes Wasser bereit steht.

Die Schalen sind im Raum verteilt. Alle Gruppen starten in der Mitte
des Raumes. Ist eine Rose von Jericho bei einem Wassergefäß angekommen, legen die Kinder sie ins Wasser und stellen sie auf den Altar. Decken Sie die Schalen mit den Rosen mit einem leichten Tuch zu.

Falls der Boden im Raum nicht glatt genug ist (Teppichboden) ist folgende Variante möglich: Die Kindergruppen blasen nacheinander ihre
Rose von Jericho über eine Tischplatte, bis sie hinunter fällt. Hinter dem
Tisch steht auf einem Stuhl eine Schüssel mit Wasser. Die Rose landet
im Wasser. Haben alle Gruppen ihre »Rose« verblasen, wird ein Tuch
über die Schüssel gebreitet.

Gesprächsimpulse

Alle stehen im Raum verteilt und schließen die Augen. Niemand spricht. Und doch können wir etwas hören (vielleicht singt vor dem Fenster ein Vogel. Vielleich fährt ein Auto vorbei. Vielleicht hören wir den Atem der anderen Kinder.) Nun werden Geräusche erzeugt: Ein Papier zusammenknüllen, eine Nadel fallen lassen, mit einem Löffel an ein Glas schlagen, … Es sollten eher leise Geräusche sein. Die Kinder öffnen die Augen wieder und benennen, was sie gehört haben.

GESPRÄCHSIMPULSE

Was hat Petrus gehört, als er die Augen geschlossen hat? Was hat er gesehen? Was geht ihm durch den Kopf (über seine Schuld, über seinen Freund, über das leere Grab)? Was denkst du über das leere Grab?

Abschluss

Wenn die Gedanken erschöpft sind, kommt der Hirtenstab ins Spiel. Ein/e Mitarbeitende/r hebt ihn auf und beginnt, z. B.:

»Also, am dritten Tag, na ja an diesem dritten Tag, nachdem Jesus gestorben war, da waren wir alle auf dem Tiefpunkt. Die ersten packten schon ihre Sachen. Da, auf einmal …« Ein Kind übernimmt, dann weitere …

M3 **Spiel »Wir sollen wieder wandern«**

Verteilen Sie Decken unsystematisch im Raum, auch Deckenhaufen oder Stapel sind möglich. Alle Kinder verkriechen sich. Nur eines bleibt draußen vor der Tür. Wenn alle Kinder sich »verkrochen« haben, kommt es herein und beginnt umherzugehen. Es zieht Decken hoch und schaut. Findet es eines der versteckten Kinder, berührt es dieses und sagt: »Wir sollen wieder wandern.« Das gefundene Kind erhebt sich und geht nun auch umher, um weitere zu finden. So geht es weiter, bis alle wieder wandern.

ZUM ABSCHLUSS: WANDERN IN GALILÄA

Am Ende Polonaise mit allen – vielleicht mit einem moderierten Hindernislauf (steil hinauf, über Baumstümpfe, über eine wackelige Brücke, auf Zehenspitzen an Soldaten vorbei …) – bis zum Altar mit den Jerichorosen. Das Tuch wird abgedeckt. Die Rosen sind – hoffentlich – aufgeblüht! (Wenn nicht, dann wird's noch – niemals die Hoffnung aufgeben!)

12 PETRUS FOLGT JESUS NEU
(Der Auferstandene am See Tiberias)

 Zum Schluss erzählte Frau Bibelwitz uns von Fischen und Schafen. Das war, als ich zu ihr sagte: »Wetten, eine schwerere Geschichte als die von Ostern kennst du nicht?« »Entscheide selbst«, sagte Frau Bibelwitz und legte ihr Strickzeug zur Seite.

Petrus und Andreas sind zu ihren Netzen zurückgekehrt. Sie wandern nicht mehr. Sie erzählen nicht mehr von Gott. Sie sind wieder Fischer. Manchmal fangen sie viel, manchmal wenig. Und hin und wieder gibt es Nächte – da fangen sie gar nichts.

In einer solchen Nacht sind auch die anderen Jünger dabei. »Es hat keinen Sinn mehr«, sagt Andreas. »Kommt, wir fahren ans Ufer.« Am Ufer steht ein Mann und schaut zu ihnen herüber. »Kinder!«, ruft er. »Habt ihr denn gar nichts gefangen?« Die Jünger schütteln den Kopf über ihn. Wieso nennt er sie »Kinder«?

»Werft die Netze noch einmal aus!«, ruft der Mann. »Ihr werdet schon sehen!« Petrus reißt die Augen auf. »Ja, Herr.« Sie tun's – und was soll ich sagen? Sie fangen – fangen – fangen viel. So viel, dass fast die Netze reißen.

Langsam nähern sich die Boote dem Strand. Der Fremde hat Feuer gemacht. »Es ist der Herr«, sagt plötzlich der sanfte Johannes. Als Petrus das hört, springt er auf. Er springt aus dem Boot, bevor sie anlegen. Was kümmert es ihn, dass er nass wird. Hastig watet er an Land. »Herr!«, ruft er. »Herr!?«

Doch dann bleibt er stehen. Herr? Wenn er es ist. »Kennt er mich noch?« Petrus wartet auf die anderen Jünger. Die Jünger umarmen Jesus. Schließen den Kreis. Der Herr. Der tot war. Lebt!

Später sitzen sie am Feuer und Jesus teilt Fisch, Brot und Wein aus. Dann zieht er Petrus zur Seite. »Bist du mein Freund, Petrus?« fragt er. »Das weißt du doch«, sagt Petrus. »Weide meine Schafe«, sagt Jesus. »Herr, ich bin Fischer«, sagt Petrus.

»Bist du mein Freund, Petrus?«, fragt Jesus wieder. »Du kannst dich auf mich ...«, sagt Petrus. Das letzte Wort will nicht heraus. » ... verlassen.« »Weide meine Schafe.« »Herr, was willst du?«, fragt Petrus.

»Bist du mein Freund, Petrus?«, fragt Jesus ein drittes Mal. »Herr, was muss ich tun?«, fragt Petrus. »Weide meine Schafe«, sagt Jesus. Und Petrus legt die Netze weg und nimmt den Stab des Hirten.

»Ich verstehe nur Bahnhof«, sagte ich. »Du Schaf!«, sagte Niklas. »Selbst Schaf!«, sagte ich. »Gott ist wie ein guter Hirte«, bemerkte Frau Bibelwitz. »Ist Jesus nun tot oder lebendig?«, fragte ich. »Er lebt«, sagte Frau Bibelwitz, »in jedem guten Hirten.« Mose reckte den Hals. »Der Herr ist mein Hirte«, sagte er laut. »Mir wird nichts mangeln ...« Da gab ich ihm rasch den Rand von unserer Pizza.

Einfall

Mit Kreuz und Grab ist es nicht zu Ende. Und die Auferstehung, so schwer sie zu fassen ist, ist der Anfang von etwas ganz Neuem. Neue Freiheit und neue Verantwortung. Jesus zu folgen von Ostern her, ist Hirtenarbeit. Sich einsetzen für andere, Wege zeigen, Wunden versorgen, Lebensmangel beseitigen. Im Vertrauen, dass der Lebendige nahe ist – Gott-bei-den-Menschen.

Petrus, dem verzagten, schuldig gewordenen Fischer, verhilft Jesus zu einem Neuanfang. Als Freund, als Hirte.

Überlegungen zum Bibeltext

Was für eine Szene: Petrus ist zu seinen Netzen zurückgekehrt – die Zeit ist zurückgekurbelt zum Anfang. Allenfalls drei Jahre, das war die Zeit mit Jesus. Danach ist wieder alles wie vorher. Wie vorher … Die Mühsal der Arbeit, die Unwägbarkeit … Und wieder geschieht es beim Fischen: einst die Berufung – und jetzt …? Noch einmal rafft Petrus sich auf zu tun, was unsinnig scheint: die Netze auszuwerfen, als die Zeit des Fischens vorbei ist. Denn noch einmal ist es der HERR, der ihn ruft. Er sieht es noch nicht, aber er hört. Noch einmal wie damals … Ja, ist es denn nicht vorbei?

»Es ist der HERR!« Johannes muss es ihm sagen. Seltsam – Petrus weiß es doch längst? Mit seinem Handeln hat er es gezeigt. Aber Johannes muss es ihm sagen … Das hat wohl mit dem zu tun, was zwischenzeitlich geschehen ist, mit jenen drei Jahren? – Nein: mit jenen drei Tagen. Zwischen Verhaftung und Grab, leerem Grab. Mit jenen drei »nein« des Petrus: *Nein, ich kenne diesen Jesus nicht.* Das liegt wie Blei auf Petrus' Herzen. Das trübt ihm Sehen und Hören.

Jesus muss deutlicher werden. Nach dem Essen (!), unter vier Augen (!) kommt es zur echten Begegnung. Jesus wird seinem Freund Petrus zum Seelsorger, zum Hirten. Petrus darf seine dreimalige Verleugnung, unter der er leidet, abarbeiten. Jesus will ihn aus dem Netz der Vergangenheit befreien. Dieser Vorgang schmerzt.

Dreimal fragt Jesus: »Hast du mich lieb?« Jesus fragt wie ein Kind. Fragt nicht, um geliebt zu werden, sondern um Petrus, der leidet, das Lieben zurückzugeben. Weil Petrus das Liebenkönnen verlor, muss er weinen. Doch Jesu Liebe beschämt nicht, sondern ruft Gegenliebe hervor. Jesus gibt Petrus die Möglichkeit, sein verlorenes Vertrauen wieder einzuholen. Indem Petrus dreimal seine Liebe zu Jesus bekennen darf, wird er schon wieder geliebt von Jesus. Wie ein Freund!

Der neue Freundschaftsauftrag: »Sei Hirte! Weide wie ich, meine Schafe.« Achtsam und fürsorglich. Die neue Nachfolge des Auferstandenen schließt den Tod von Petrus mit ein.

Aber keine Angst: Gott, der gute Hirte, wird auch ihn hindurchführen wie Jesus. Und Petrus nimmt den Hirtenstab.

Keinen Tauf- oder »Missions«-»Befehl« finden wir im Johannesevangelium, sondern nur dies: *Weide meine Schafe.* Das Missverständnis, dass man Menschen zu ihrem »Heil« »zwingen« müsse, in ein Korsett aus Dogmen und äußerlich sichtbarem Wohlverhalten, das ist leider auch mit diesem Vermächtnis Jesu verbunden worden: der Hirte als der Entscheider, die Schafe als stumme Nachfolger.

Wer aber mit offenen Augen, Ohren und Herzen wahrnimmt, wie in der Bibel das Wort vom Hirten gebraucht wird, der kann nicht übersehen, dass es sich hier um ein Gleichnis Gottes handelt: achtsam und fürsorglich wie ein Hirte ist Gott – nur noch viel, viel gütiger.

 ## Die elementare Geschichte

Hirte sein, sagt Frau Bibelwitz. Und sagt damit, wie sie es gern tut, etwas, das leicht scheint. Achtsam sein, sich für andere einsetzen. Wachen. Und dabei doch darauf vertrauen, dass da noch ein anderer ist, ein Höherer, Hirte über allem.

Petrus, dem Fischer, muss man das dreimal sagen – und jedem Freund in Niklas' und Gesas Leben auch: Freundschaft besteht nicht vom Bewundern und Nachlaufen. Freundschaft läuft auch voran.

Entscheidungen

In diesem österlichen Kindergottesdienst erleben Kinder die verändernde Kraft der Auferstehungsbotschaft. Nicht bunte Hasen hoppeln mit Schokoladeneiern über Frühlingswiesen. Sondern die harte Realität des Lebens, die auch die Lebenswirklichkeit von Kindern ist und Menschen unglücklich gefangen hält, kommt ins Spiel und kann Kinderseelen erreichen und befreien.

Kinder kennen Schuldgefühle und das eigene Versagen. Psalm 25 gibt diesen Emotionen Worte und Orientierung. Kreativ vertiefend wird ein Hirtenstab gestaltet; es folgt eine praktische Einübung ins »Hirtenamt«. Eine Abendmahlsfeier lässt die österliche Freude und Freundschaft schmecken.

 ## Ablauf

Geschehen	Inhalt	Material
Ankommen	Begrüßung, Gebet	LH 230
Einstimmen	Psalmgebet (Ps 25)	M1
Hören	Einmal erzählte …	
Bedenken	Gesprächsimpulse	M2 LH 261
Gestalten	Hirtenstab	M3
Feiern	Abendmahl	M4
Weitergehen	Gebet, Lied, Segen	LH 235

M1 Im Netz gefangen (nach Psalm 25)

Wir hören Worte aus der Bibel. Worte aus einem Psalm. Psalm 25. Ein Mensch hat dort seine Erfahrungen aufgeschrieben. Er hat das, was er erlebt und fühlt, seinem Gott erzählt. Vielleicht sind es auch unsere Erfahrungen.

Ich sage immer einen Satz vor und ihr wiederholt diesen Satz gemeinsam. Wir nehmen uns viel Zeit für diesen Psalm. Bitte schließt eure Augen. Dann könnt ihr die Worte des Psalmbeters gut hören und spüren.

PSALM

Herr, ich habe versagt.
Ich habe einen Fehler gemacht.
Ich habe gelogen. Mehr noch:
Ich habe meinen Freund im Stich gelassen

Das lässt mich nicht los.
Tag und Nacht kreisen meine Gedanken.
Ich komme da nicht mehr raus.
Ich bin wie in einem Netz gefangen.

Darum schreie ich zu dir:
Herr, zieh mich raus aus diesem Netz.
Befreie mich!

Mir ist ganz schlecht.
Ich habe keinen Appetit.
Ich wache schweißgebadet auf.
Mein Herz rast wild.
Ich bin wie in einem Netz gefangen.

Darum schreie ich zu dir:
Herr, zieh mich raus aus diesem Netz.
Befreie mich!

Wenn ich doch alles wieder gut machen könnte.
Wenn ich die Zeit zurück drehen könnte.
Wenn ich noch einmal diese Chance hätte.
Aber ich bin wie in einem Netz gefangen.

Darum schreie ich zu dir:
Herr, zieh mich raus aus diesem Netz.
Befreie mich!

Gesprächsimpulse

Die Kinder äußern ihre spontanen Gefühle über die Geschichte.

Viel versprechende Satzanfänge: Wenn ich Jesus wäre ... / Wenn ich Petrus wäre ...

Kennen (ältere) Kinder die Redewendung: »Aller guten Dinge sind drei?« – Was hat das mit der Geschichte zu tun?

Wo ist Gott in der Geschichte?

Wie wird es mit Petrus weitergehen?

Zum Abschluss

Wenn die Gedanken erschöpft sind, kommt der Hirtenstab ins Spiel. Ein/e Mitarbeitende/r hebt ihn auf und beginnt, z. B.:

»Also, jetzt wollt ihr vielleicht wissen, wie es gekommen ist, dass ich meine Augen doch wieder aufgemacht habe. Und meinen Mund auch. Das war, als wir schon wieder in unseren Alltag zurückgekehrt waren – Fischer, mehr oder weniger glücklich ...« Ein Kind übernimmt und dann weitere ...

M3 Einen Hirtenstab gestalten und erproben

Für das Spiel können unbearbeitete Holzstöcke genommen werden. Für Kinder-gottesdienste mit viel Zeit können Hirtenstäbe gebaut werden.

MATERIAL

Holzstöcke, Länge mind. 130 cm, dickeren, biegsamen Draht, pro Stab 100 cm, Seidenpapier, eine Rolle Kreppband, Tapetenkleister, Wasser, Eimer, Zangen

BAU

Das Drahtstück wird in der Mitte zusammen gebogen. Der geschlossene Teil wird noch einmal gebogen und die   unteren losen Drahtenden werden mit Kreppband fest mit dem oberen Stockende verbunden. So entsteht ein Krummstab aus Holz und Draht.

Eine Mischung aus Wasser und Tapetenkleister wird in einem Eimer angerührt. Größere, von der Rolle gerissene Seidenpapierstücke werden in den Kleister getaucht und ausgewrungen. Diese Kleisterpapiere werden solange um den Stab gewickelt, bis Holz und besonders der obere Draht ganz umschlossen sind. Nach einer Trocknungszeit haben alle einen weißen Hirtenstab.

SPIEL: HIRTE / HIRTIN MIT SCHAFEN

Variation 1: Die Schafe (Kinder) folgen einer Hirtin / einem Hirten durch die Kirche oder Gemeindehaus. Sie orientieren sich an dem Hirtenstab.

Variation 2: Der Hirte / die Hirtin folgt den Schafen auf einer Rasenfläche und hält die Herde durch leichte Stupser mit dem Hirtenstab zusammen.

Variation 3: Ein Schaf braucht Hilfe. Es humpelt. Der Hirte / die Hirtin fängt es sanft am Arm ein mit dem Rundbogen des Hirtenstabes.

Variation 4: Andere Einsatzmöglichkeiten des Hirtenstabes werden ausprobiert, z. B. die Verteidigung der Herde vor wilden Tieren.

M4 Österliches Abendmahl feiern

Gemeinsam wird der Abendmahlstisch gedeckt. Nacheinander bringen Kinder und Mitarbeitende richtiges, geschnittenes Brot auf Teller und weißen Traubensaft in Kelchen zum Altar. Dazu kann z. B. das bekannte Hosianna-Lied gesungen werden: Sanna, sannania

Liturg

Jesus Christus spricht: Wo zwei oder drei in meinem Namen versammelt sind, da bin ich mitten unter ihnen.

Wir haben gehört: Der Auferstandene lädt seine Jünger am See zum Essen ein. Er will Gemeinschaft mit seinen Freunden und Freundinnen. Tischgemeinschaft. Auch mit Menschen, die wie Petrus versagt haben.

Jesus lud ein, die Gemeinschaft des neuen Lebens mit ihm zu feiern. Und er nahm das Brot, dankte Gott dafür und teilte es aus. Alle erinnerten sich sofort an das letzte Abendmahl. Wir auch. – In der Bibel wird es mit diesen Worten beschrieben:

Einsetzungsworte

Wie sich ein Vater über Kinder erbarmt, so erbarmt sich Gott über die, die ihm ehrfürchtig begegnen. (Ps 103,13) – So beten wir wie Jesus zu unserem himmlischen Vater:

Vaterunser

Nun schmecket und sehet, wie freundlich der Herr ist.

Lied: Kommt und seht, seht das Leben

144